Ann Ladiges: Studium der Germanistik, Literatur- und Erziehungswissenschaft; war zunächst als Lehrerin tätig. Seit 1965 freie Mitarbeiterin beim Fernsehen. Moderatorin und Autorin erfolgreicher Fernsehreihen. Lebt in Hamburg.

Ann Ladiges

«Hau ab,
du Flasche!»

Rowohlt Taschenbuch Verlag

Lehrermaterialien zu diesem Buch finden Sie unter
http://www.rowohlt.de/buecher/kinder-jugendbuch
neben dem Titel. Sie können als kostenloser Download
heruntergeladen werden.

42. Auflage Januar 2005

Originalausgabe
Veröffentlicht im Rowohlt Taschenbuch Verlag, Reinbek bei Hamburg,
April 1978 / Copyright © 1978 by Rowohlt Taschenbuch Verlag GmbH,
Reinbek bei Hamburg / Lektorat Renate Boldt / Umschlaggestaltung Bar-
bara Hanke / Umschlagfoto Image Bank / Alle Rechte vorbehalten / Satz
Garamond (Linotron 505 C) / Gesamtherstellung Clausen & Bosse, Leck /
Printed in Germany / ISBN 3 499 20178 x

Die alte Marecke und andere Sorgen

Im Haus unten muss etwas los sein. Roland zögert einen Moment, dann geht er die Treppe hinunter. Vor der offenen Wohnungstür der alten Marecke stehen Leute aus dem Haus. Roland bekommt einen Schreck. Der Steuerberater aus dem 1. Stock drängt sich an ihm vorbei.
– Ist der Alten was passiert? –
– Ich hab sie vorhin gefunden. In der Küche auf dem Fußboden. – Die Hauswartsfrau schüttelt den Kopf. – Fünfzehn Jahre hat sie nichts mehr getrunken. Und jetzt das. Die leere Flasche stand noch auf dem Tisch. –
– Na ja, dann hat sie's ja wohl bald hinter sich –, sagt der Steuerberater im Weggehen.

Das Gesicht der alten Marecke ist weiß. An der rechten Schläfe tritt dick und dunkelblau eine Ader hervor. *Wie ein Wurm*, denkt Roland. *Wie ein Wurm. Gestern war der Wurm noch nicht da.* Er muss einen Schritt zurücktreten, weil die Sanitäter mit der Trage nicht durch die Zwischentür im Hausflur kommen. Jemand öffnet den zweiten Flügel der Tür. Über die alte Marecke haben sie eine graue Wolldecke gelegt. Roland liest die eingewebten Buchstaben MALTESER HILFSDIENST. Zusammen mit den anderen Hausbewohnern geht er hinter den Sanitätern her. Sie schieben die Trage in den Unfallwagen und schließen die Tür.

Roland sucht in der Tasche seines Parkas nach Zigaretten. Die Packung ist leer. Seine Hand zittert. Er greift wieder in die Tasche und fühlt mit den Fingerkuppen die Tabakkrümel.

Bis zur Bushaltestelle braucht er zehn Minuten. Er wartet auf den 11er. Auf der Bank neben dem Fahrscheinautomaten sitzen zwei türkische Frauen. Sie haben Kopftücher umgebunden und tragen Hosen unter den Röcken.

Der 11er kommt voll besetzt an. Roland sieht vor sich in der offenen Tür die vielen Beine, die dicht gedrängt im Bus stehen. Er lässt die türkischen Frauen vor, sie zwängen sich in den Wagen. Roland spürt, dass ein Mann ihn ansieht. Er tritt zurück. Die Tür schließt sich, der Bus fährt ab. Roland denkt: *Wenn ich mich beeile, kann ich auch zu Fuß gehen. Ist ja erst 20 nach 8, das schaff ich lässig, und die frische Luft ist sowieso besser.*

Beim Frühstück hat die Mutter gedrängelt:

– Tu mir einen Gefallen und mach zu! Wenn du heute zu spät kommst, was meinst du, was das für einen Eindruck macht! –

Sie hat auch verlangt, dass er nicht die Jeans, sondern die dunkelblaue Cordhose anzieht. Sie hat ihn noch einmal genau gemustert. Ob er auch anständig genug aussähe für die Vorstellung bei FOTO-DROSTE. SPEZIALHAUS FÜR FOTO-BEDARF UND EIGENES FOTOATELIER.

– Du weißt, was das für dich bedeutet, Roland! –

Natürlich weiß er das. Er selbst hatte doch immer wieder gesagt:

– Wenn ich eine Lehrstelle habe, schaffe ich es. Das kann ich euch versprechen. –

Herr Droste will ihn vielleicht nehmen. Will ihn aber erst einmal beschnuppern, wie der Vater sich ausgedrückt hat. Der Vater und Herr Droste kennen sich vom Handball, Training jeden Mittwoch von 20 bis 22 Uhr. Hinterher gehen sie immer noch ein Bierchen trinken. Der Vater hat Herrn Droste nicht erzählt, was mit seinem Sohn los ist. Der Vater ist der Meinung, dass man das nicht jedem gleich auf die Nase binden muss.

– Bitte, nimm dich wenigstens dieses eine Mal zusammen. Ein zweites Mal kriegen wir nicht diese Chance. –

Roland kommt es hoch, er muss würgen. Er steht noch immer an der Haltestelle. *Dass ich da unbedingt heute hinmuss! Nächste Woche wäre das sowieso alles besser.*
Roland friert. Er will seinen Parka zumachen. Das Zittern der Finger ist stärker geworden; er kriegt den Reißverschluss nicht zusammen. *Es ist besser, wenn ich da so nicht hingehe. Sie wollen ja, dass ich einen guten Eindruck mache. Ich ruf bei dem Typ an und sag, der Bus hat einen Unfall gehabt. Ja, ein Lastwagen stand plötzlich quer und der Fahrer konnte nicht mehr bremsen. Nein, schlimm ist es nicht. Nur die Hand. Ja, ist gerade verbunden worden. Im Markuskrankenhaus. Nein, ambulant. Ich komme dann morgen. Na klar geht das. Ich bin um 9 bei Ihnen, pünktlich.*

Roland geht in Richtung Grüneburgweg. Das Hochhaus an der Ecke Liebigstraße steht, solange er sich erinnern kann, im Rohbau da. Die beiden obersten Stockwerke hätten nicht gebaut werden dürfen, die Stadt hatte die Höhe nicht genehmigt.
Jedes Mal wenn sie an dem Kasten vorbeifuhren, ärgerte sich der Vater:
  – Da bauen sie so ein Ding und dann lassen sie es vergammeln. –
  – Ist ja nicht unser Geld –, meinte die Mutter.
  – Das denkst du! Irgendwie bezahlen wir das doch mit unseren Steuern! –
Sie hätten ja auch die beiden untersten Stockwerke weglassen können, musste Roland damals denken. Er stellte sich vor, wie kompliziert es sein würde, aus dem Betonklotz unten wieder etwas herauszunehmen.

Roland schiebt eine Latte im Bauzaun beiseite und zwängt sich durch die Lücke. Er steigt über Bretter und verrostete Rohre. Die ersten Stufen läuft er hoch, ohne stehen zu bleiben. Auf dem Treppenabsatz wird ihm schwindlig, er lehnt sich einen Augenblick an die Wand. Hier im ersten Stock hatten sich vor einigen Wochen Penner ein Lager eingerichtet, Roland musste sich deshalb weiter nach oben verziehen. Er hatte Angst gehabt, dass ihn einer beklauen würde. Kurz vor dem dritten Stock stolpert er und rutscht die halbe Treppe wieder hinunter. Seine linke Hand blutet. Steinchen haben sich in den Handballen gedrückt. Roland fühlt es nicht. *Es müssen noch mindestens drei volle Flaschen da sein!* Er schafft die letzten beiden Stufen gerade noch.

Hier oben zieht es. Die Räume sind unverputzt, Rohre ragen aus den Wänden. In einer Ecke liegen Bierflaschen und staubige Plastikplanen, Zeitungspapier und Blätter, die der Wind durch die Fensteröffnungen hereingeweht hat. Der Flur macht einen Knick, dahinter ist noch ein Raum. In der einen Ecke liegt ein Haufen alter Wolldecken. Roland kniet sich auf den Boden und reißt die Decken weg: In einem Pappkarton stehen zwei ungeöffnete Flaschen Whisky und eine halb volle Flasche Korn.

Den ersten Schluck trinkt er hastig. Er wird sofort ruhiger und spürt, wie er atmet. Er steht auf und geht an die Fensteröffnung.

Ein gelber VW-Käfer biegt vom Grüneburgweg in die Liebigstraße ein. Zwei andere Wagen fahren geradeaus. Danach kommt ein Bus und von der anderen Seite ein Radfahrer. Der Radfahrer hält an der Ecke an und lässt den Bus vorüber. Dann fährt er weiter. Eine Frau bleibt vor dem Antiquitätenladen stehen und betrachtet die Sachen im Schaufenster. Roland sieht hinter einem Lastwagen her. Danach ist die Frau

plötzlich verschwunden. Sie kann nicht in den Laden hinein-
gegangen sein, weil der Rollladen an der Tür heruntergezogen
ist. Aus dem Haus gegenüber kommen zwei Männer. Sie sehen zu dem Rohbau hinauf. Die Männer gehen schnell über
die Straße. Direkt auf die Baustelle zu.

Roland tritt etwas von der Fensteröffnung zurück.

*Was wollen die von mir? Ich hab damit nichts zu tun! Mit der
alten Marecke, das war Buddis Idee! Außerdem wollte die
Alte ja selber. Die musste doch wissen, dass sie nichts vertragen...*

Da fällt ihm das Manuskript ein.

*Dabei war ich so sicher, dass mir so etwas nie wieder passieren
könnte.*

Wie alles anfing

Roland ging schon ein halbes Jahr zur Schule, als die Eltern
die große Party in der Wohnung feierten.

Die Mutter war nervös. Es fehlten Gläser, die Mayonnaise für
den Salat war zu dünn geworden, und die Schlagsahne passte
nicht mehr in den Kühlschrank, weil der schon mit Sektfla-
schen voll gestopft war. Der Vater ging noch einmal los, um
mehr Bier zu holen. Es dauerte ewig, bis er wiederkam. Dabei
hatte er nur schnell ein Bierchen getrunken. Die Mutter bekam ihre schrille Stimme. Sie hatte auch nur zwei Hände und
die Frage der Sitzgelegenheiten war immer noch nicht geklärt.
Roland stand ihr dauernd vor den Füßen herum. Sie drückte
ihm eine große Tüte mit Kartoffelchips in die Hand.

– Hier, aber nicht alles aufessen! Und zieh dich schon mal
aus. –

Als die ersten Gäste kamen, stand Roland im Schlafanzug auf
dem Flur. Eine Dame brachte ihm eine Tafel Schokolade mit.
Sie lachte ziemlich laut und fragte, wie alt er sei. Roland sah
die Dame an. Um ihren Hals hing eine Kette mit einem großen weißen Zahn. Roland überlegte, ob der von einem Hai-
fisch war oder von einem Tiger.

– Kannst du nicht antworten? –, fragte die Mutter. – Er
wird bald 7. Nun bedank dich schön. –

Roland sagte danke und nahm die Schokolade.

Später hörte er, wie sie im Wohnzimmer redeten. Die Stimme
seines Vaters konnte er genau verstehen. Ab und zu ging jemand über den Flur auf die Toilette. Dann legten sie Platten
auf. Einmal wackelte der Fußboden ein bisschen. Jetzt tanzen

sie, dachte Roland. Er kletterte aus seinem Bett und holte sich die Schokolade und die noch halb volle Tüte mit den Kartoffelchips. Die Mutter hatte sie ihm nach dem Gute-Nacht-Sagen weggenommen.

   – Nach dem Zähneputzen wird nichts mehr gegessen. Das musst du nun aber langsam selber wissen. So. Und jetzt schlaf schön. –

Eigentlich schmeckt die Schokolade eklig, dachte Roland. Nicht so gut wie die Likörbohnen bei Oma Geiger. Dann schob er sich das letzte Stückchen in den Mund und aß die Kartoffelchips auf. FREMDE IN DER NACHT. Die Platte kannte er, da sang die Mutter immer mit. Das war ihre Lieblingsplatte. FREMDE IN DER NACHT…

Als Roland aufwachte, war es still in der Wohnung. Er hatte einen schrecklichen Durst. Die Krümel im Bett piksten ihn. Er machte seine Leselampe an und stand auf. Im Flur brannte Licht. Das hatten sie vergessen auszumachen. Die Tür zum Wohnzimmer stand offen, hier roch es nach Zigaretten. Den Teppich hatten sie zurückgerollt und die Sessel in die Ecke geschoben. Vor dem Plattenspieler lagen Platten durcheinander auf dem Boden, einige steckten nicht in der Hülle. Das konnte der Vater sonst nicht leiden. Auf dem Tisch standen Gläser, manche waren noch halb voll. Eine leere Flasche lag unter dem Tisch. Sie haben Sekt getrunken, dachte Roland. Wie Sekt schmeckt, wusste er. So ein bisschen wie Brause, nur nicht so süß. Die Mutter ließ ihn ab und zu mal nippen. Sie trank morgens oft einen Pikkolo.

   – Ich komm sonst nicht in Schwung –, sagte sie immer.

Das eine Glas war noch fast voll. Roland probierte vorsichtig. Es war Sekt. Er schmeckte warm und süßlich. Roland setzte sich auf das Sofa und trank das Glas leer.

In seinem Kopf wurde es ein bisschen schwummerig. Roland mochte das. Er trank auch die Reste aus den anderen Gläsern. In dem einen Glas war etwas Scharfes, das ihm im Hals brannte.

Er spuckte es aus und prustete dabei. Wie das Robbenbaby, das er im Zoo gesehen hatte. Er war das Robbenbaby und er schwamm durchs Wasser. Er tauchte auf und unter und auf und unter. Wenn er hochkam, prustete er. Seine Spucke flog durch die Luft und er lachte. Dann entdeckte er die noch fast volle Weinflasche.

Als Roland aufstand, schwankte das Zimmer. Er fiel über den Tisch, stieß ein paar Gläser und Flaschen um und landete auf dem Fußboden.

– Was machst du denn hier? –, hörte er seinen Vater sagen.

– Bist du verrückt geworden? Mitten in der Nacht? –

Dem Vater stand ein Haarbüschel schräg vom Kopf ab.

Roland fühlte, wie das Lachen in ihm gluckerte. Dann kotzte er auf den Boden.

Am nächsten Morgen war Roland krank. Die Mutter legte ihm einen kalten Waschlappen auf die Stirn. Der Vater spottete:

– Da hast du ja richtig Schwein gehabt, dass deine Mutter den Teppich nicht wieder zurückgerollt hat. Sonst hätten wir die Sauerei da noch drauf gehabt! –

– Ach, Karl-Heinz, nun hör doch auf! –

Die Mutter streichelte Roland und deckte ihn gut zu.

– Wir hätten die Gläser gestern noch rausbringen sollen! Ich wollte das ja, aber du... –

– Jetzt krieg ich wohl noch die Schuld, wenn unser Herr Sohn mitten in der Nacht anderer Leute Gläser austrinkt. Das wird ja immer schöner! –

– Überhaupt diese ganze blöde Party. Ich weiß wirklich
nicht, warum wir die alle einladen mussten! –
– Das will ich dir sagen. Weil das meine Kollegen sind! –
– Ja, genau … schöne Kollegen. –
Die Stimmen brachen sich in Rolands Kopf.

Der Vater war als Vertreter der HESSISCHEN LEBEN viel
unterwegs auf Kundenbesuch. Zweimal im Monat traf er sich
abends mit den Kollegen vom Außendienst.
– Ich muss wissen, was wo läuft –, hieß seine Devise.
Von diesen Treffen kam er immer erst spät in der Nacht nach
Hause und machte dann einen solchen Lärm, dass Roland
aufwachte. Die Mutter hatte am nächsten Morgen meistens
schlechte Laune und fing jedes Mal an:
– Dein Vater musste unbedingt mal wieder auf den Putz
hauen! –
– Du musst nicht alles glauben, was deine Mutter erzählt –,
sagte der Vater und holte sich aus dem Kühlschrank eine
Flasche Bier.
– Fang immer am Morgen mit dem an, womit du am Abend
aufgehört hast. Eine alte Weisheit. –

Die Mutter schimpfte oft auf die Kollegen und behauptete,
die könnten nur saufen und über Fußball reden. Sie kannte die
meisten von ihnen, denn sie hatte auch bei der HESSISCHEN
LEBEN gearbeitet. Damals hieß sie noch Renate Menzinger
und war Chefsekretärin. Auf einem Betriebsfest lernte sie den
fünf Jahre jüngeren Karl-Heinz Geiger näher kennen. Karl-
Heinz ging gleich scharf ran und Renate verliebte sich in ihn.
Ihre Mutter warnte:
– Kind, wenn das man gut geht. Es ist immer besser, wenn
der Mann älter ist als die Frau. –
Nach drei Monaten heirateten sie. Karl-Heinz hatte alle ihre

Bedenken beiseite geräumt: Renate sah gut aus, man merkte gar nicht, dass sie schon dreißig war. Und sie war genau der Typ von Frau, den er sich immer vorgestellt hatte.

Das Kind wurde an einem Mittwochabend geboren, drei Wochen zu spät. Zweimal war Renate schon ins Krankenhaus gegangen, aber jedes Mal hatte man sie wieder weggeschickt. Die Wehen waren zu schwach gewesen. Dann hatte man nachgeholfen. Es war eine schwierige Geburt, aber Renate spürte zuletzt nicht mehr viel davon, man hatte ihr eine Narkose gegeben. Als sie am nächsten Tag das Kind für eine halbe Stunde bei sich behalten durfte, war sie glücklich.
Mit Karl-Heinz hatte sie abgemacht, dass ein Junge Roland heißen sollte.

Karl-Heinz erschien im Krankenhaus mit Kopfschmerzen, fünfundzwanzig roten Rosen und einem Brillantring.
 – Ein Karat, Weißgold. Der ist bestimmt mindestens das Doppelte wert. Ich hab den über den Großhandel gekriegt. –
Der Ring war Renate etwas zu groß, aber das war ja kein Problem. Die Kopfschmerzen stammten vom vergangenen Abend. Karl-Heinz hatte mit zwei Kollegen das Ereignis gefeiert und war die ganze Nacht nicht ins Bett gekommen. Ein Junge! Das war ja wohl ein Grund zum Feiern.
Karl-Heinz ließ sich von der Schwester eine Tablette geben und ging bald wieder. In der HESSISCHEN LEBEN ließ er fünf Flaschen Sekt springen. Diesmal nicht die Hausmarke.

Roland war als kleines Kind oft erkältet. Er hatte auch im Sommer eine Lecknase.

– Das kommt nur davon, weil du ihn zu warm anziehst –, behauptete der Vater. – Der Junge kann sich gar nicht abhärten. –

– Roland ist ein zartes Kind –, sagte die Mutter und setzte ihm eine Mütze auf.

Bei schönem Wetter ging sie mit Roland auf den Spielplatz. Sie saß mit anderen Müttern auf einer der Bänke und strickte. Dabei sah sie zu, wie Roland in der Sandkiste spielte. Wenn andere Kinder ihm sein Eimerchen oder die Schaufel weggenommen hatten, lief sie zu ihm hin, tröstete ihn und holte seine Sachen zurück.

Als Roland 4 Jahre alt wurde, überlegten Karl-Heinz und Renate, ob sie ihn in den Kindergarten schicken sollten. Sie fanden aber keinen rechten Platz, und die städtische Kindertagesstätte in ihrer Nähe kam für sie auf keinen Fall in Frage. Über die Zustände in diesen KITAS war ja genügend in den Zeitungen berichtet worden. Die Kinder sollten dort überhaupt keine Anleitung bekommen, sondern machen dürfen, was sie wollten.

Aber dann bekam Roland die Windpocken, und das Problem löste sich erst einmal von selbst.

Damals wohnte unten im Haus schon die alte Frau Marecke.

– Die ist noch gar nicht so alt. Die ist höchstens 60, sieht aber aus wie 80 –, hatte der Vater gesagt. – Die soll früher gesoffen haben wie ein Loch und dann hat sie im Hausflur rumgelegen. Ich versteh nicht, dass man sie nicht längst rausgeschmissen hat. Na ja, wer weiß, was da wieder dahinter steckt. Geld soll sie haben. –

Manchmal, wenn Roland mit der Mutter die Treppe herunterkam, öffnete die alte Frau die Tür einen Spaltbreit und sagte über die Kette hinweg freundlich:

– Guten Tag... –

Aber die Mutter gab keine richtige Antwort und zog Roland schnell weiter. Roland war das unheimlich.

Einmal klingelte der Briefträger bei Frau Marecke Sturm. Aber sie öffnete nicht.

> – Der alten Hexe sollte man Feuer unterm Arsch machen! Die ist doch zu Hause. Ich bin jetzt das dritte Mal mit dem Einschreiben da. –

Er steckte einen roten Zettel in ihren Briefkasten und ging wieder. Roland fragte seine Mutter:

– Ist Frau Marecke wirklich eine Hexe? –

– Nein, natürlich nicht, Roland. Es gibt keine Hexen. –

Roland war sich nicht so sicher, ob die Mutter Recht hatte.

Als er 5 Jahre alt war, schickte der Vater ihn schon manchmal an die Ecke zum Kiosk. Zigaretten holen oder die neue BILD. Roland flitzte dann immer ganz schnell an der Tür von Frau Marecke vorbei. Eines Tages erkannte er von der Straße aus ihr Gesicht hinter den schmutzig grauen Gardinen und blieb stehen. Sie schob die Gardine etwas beiseite und sie sahen sich einen Augenblick lang an.

Als er ins Treppenhaus kam, stand sie in ihrer Wohnungstür. Sie stützte sich auf einen Stock und winkte ihn zu sich heran.

– Komm doch mal her, mein Jungchen... –

Roland starrte sie einen Moment an, er war wie gebannt. Dann rannte er die Treppe hinauf.

Roland liebte Märchen. Und am liebsten mochte er gruselige Märchen, in denen Hexen, Riesen und unheimliche Mächte vorkamen. Dann kuschelte er sich ganz dicht an die Mutter und konnte sich genau vorstellen, dass er ein zotteliger Troll war. Einmal erzählte er der Mutter davon.

– Also, das Kind hat eine Phantasie! –, sagte sie beim Abendbrot.

– Mir wäre lieber, wenn er endlich schwimmen könnte –, antwortete der Vater. – Wenn er in die Schule kommt, muss der Junge seinen Freischwimmer haben! –

Eigentlich konnte Roland schon schwimmen. Er hatte es im Stadtbad Mitte gelernt. Aber am Ende des Schwimmkurses hatte er die Masern bekommen und jetzt kriegte er immer Wasser in die Nase. Vor allem im Tiefen.

– Das liegt nur am falschen Atmen –, behauptete der Vater und zeigte ihm, wie man richtig Luft holen muss.
Aber Roland kriegte weiterhin Wasser in die Nase. Er blieb lieber im Nichtschwimmerbecken.

Am Sonntag fuhr der Vater oft mit ihm in das neue Freibad nach Lorsch. Der Vater war ein guter Schwimmer, er hatte lange Wasserball gespielt. Wenn er kraulte, zog er so richtig ab.
Einmal trafen sie in Lorsch Herrn Holzkamp mit seiner Tochter Biggi. Herr Holzkamp war ein Kunde von Vater. Es stellte sich heraus, dass Biggi zwei Monate jünger war als Roland und im Herbst auch in die Schule kommen sollte. Biggi hatte schon ihren Freischwimmer. Sie sollte heute zum ersten Mal vom Dreier springen. Vom Einer war sie schon oft hinuntergesprungen.
Biggi wusste nicht so recht, ob sie sich trauen sollte oder nicht. Herr Holzkamp und der Vater redeten ihr gut zu.

– Das ist überhaupt nicht schlimm. Los! Wer nicht wagt, der nicht gewinnt! –

Biggi kletterte auf den Sprungturm. Die anderen standen unten und sahen zu ihr hinauf. Sie ging auf das Sprungbrett und stand einen Augenblick da oben. Herr Holzkamp rief:

– Jetzt! Ist frei! –

Biggi hielt sich die Nase zu und sprang herunter. Als sie wieder auftauchte, klatschten die Männer Beifall.

– Bravo! Toll! Prima! –

Dann ergriff der Vater plötzlich Roland.

– So! Und jetzt kommst du dran! –

Roland fing an zu schreien. Er ließ sich auf den Boden fallen. Der Vater zog ihn wieder hoch und wollte ihn ins Wasser werfen.

– Stell dich nicht so albern an! –

Roland schrie noch stärker. Eine Frau mischte sich ein.

– Lassen Sie den Jungen los! Mann, Sie sehen doch, dass er Angst hat! Ist ja unglaublich! –

Da ließ der Vater ihn los und Roland rannte weg.

Später eroberten der Vater und Herr Holzkamp einen Tisch im voll besetzten Schwimmbad-Restaurant. Sie bestellten sich jeder ein Helles. Biggi holte sich am Kiosk einen NOGGER.

Roland beobachtete alles genau. Er stand etwas entfernt bei den Umkleidekabinen. Er hatte geheult.

Vorsichtig kam er immer näher an den Tisch heran. Der Vater beachtete ihn gar nicht. Roland stand eine Weile so da. Dann fragte er leise:

– Papa? –

– Ja? –

– Kann ich mir auch ein Eis holen? –

– Hau bloß ab, du Flasche! –

Der Vater sah Roland nicht an. Er redete weiter mit Herrn Holzkamp.

Als Roland in die 2. Klasse ging, bekam er eines Morgens plötzlich Bauchschmerzen. Er sah auch blass aus, fand die Mutter. Sie wollte unbedingt Fieber messen. Das Thermometer zeigte etwas erhöhte Temperatur an, wenn man so wollte. Auf jeden Fall sei es besser, wenn Roland im Bett blieb, meinte die Mutter. Er bekam nur Tee und Zwieback, aber sie las ihm fünf Kapitel aus ROBINSON CRUSOE vor. Mittags waren die Bauchschmerzen weg und Roland tobte in der Wohnung herum.

Am nächsten Morgen tat es wieder weh im Bauch.

– Du willst dir wohl nochmal einen gemütlichen Tag im Bett machen, was? –, fragte der Vater.

Die Mutter rief den Kinderarzt an. Der kam am Nachmittag, ließ sich Rolands Zunge zeigen und drückte ihm auf dem Bauch herum.

– Tut das weh? –

– Ja, da... ein bisschen... –

Zur Vorsicht horchte der Kinderarzt noch Rolands Lunge ab.

– Jetzt mal die Luft anhalten, so... und jetzt ausatmen. –

Dann gab er Roland einen Klaps auf den Po und sagte:

– Das wäre doch gelacht, wenn wir die Bauchschmerzen nicht wegkriegten. –

Er verschrieb ein allgemeines Stärkungsmittel und wollte sich die Hände waschen. Auf dem Flur sagte er:

– Fragen Sie doch mal in der Schule nach, Frau Geiger. Ob da etwas ist. Und wie gesagt, kein Grund zur Beunruhigung. Kinder haben leicht mal Bauchschmerzen. Aber wenn etwas sein sollte, rufen Sie mich gleich an. –

– Roland muss sich mehr durchsetzen –, sagte die Lehrerin in der Schule.

– Hau doch mal zu! –, meinte der Vater am Abend.

In demselben Sommer kaufte sich der Vater den großen
TS 1800 und sie fuhren in den Ferien nach Jugoslawien. Sie
hatten Glück mit dem Hotel und dem Wetter. Der Vater
schenkte Roland eine richtige Angel und ein Fischmesser.
Manchmal mieteten sie sich für den ganzen Tag ein Boot mit
Außenbordmotor. Sie nahmen die Angeln, Badezeug und Pro-
viant mit und fuhren zu einer der kleinen Inseln hinaus, die
draußen im Meer lagen. Roland durfte das Boot steuern. Es
machte ihm Spaß zu tauchen, und er traute sich sogar, von den
Felsen ins Wasser zu springen. Oft ließ er sich minutenlang von
den Wellen schaukeln und spielte TOTER MANN.
Während die Mutter in der Sonne lag, angelte er mit dem Vater.
Als Köder nahmen sie Muschelfleisch. Wenn sie genug gefan-
gen hatten, machten sie ein Feuer, steckten Stöcke durch die
Fische und brieten sie. Die Mutter meinte zwar, diese Fische
könne man nicht essen, aber schlecht wurde ihnen kein einziges Mal. Roland weiß noch genau, wie es war, als der erste Fisch
an seiner Angel anbiss. Es war sogar gleich ein ziemlich gro-
ßer.
Die Mutter war in diesen Ferien sehr lustig; sie ekelte sich nur
vor den Tintenfischen, die der Vater aus dem Wasser holte. Der
Vater kaufte ihr in Dubrovnik ein langes Kleid im Folklore-Stil
und ging jeden Abend mit ihr tanzen.
Es war die schönste Zeit, an die Roland sich erinnern kann.

In der Schule machte er sich dann doch ganz gut. Er fiel nur
dadurch auf, dass er im Unterricht oft herumkasperte und es
offensichtlich darauf anlegte, die Klasse zum Lachen zu bringen. Ansonsten konnten die Lehrer wenig über ihn sagen.

Rolands untere Zähne standen etwas zurück.
   – Ich hab dir immer gesagt, du sollst nicht am Daumen lut-
   schen! Das hast du nun davon! –, sagte der Vater.

Der Zahnarzt sprach von einer leichten Kieferfehlbildung und ließ Roland in Gips und in Wachs beißen. Wegen der Abdrücke. Dann passte er ihm eine Regulierungsklammer an, die Roland nachmittags und nachts tragen sollte. Sprechen konnte er mit dem Ding im Mund nur schlecht.

– Das macht nichts –, sagte die Mutter. – Dann sprichst du eben nicht. –

Einen richtigen Freund hatte Roland nicht. Er bastelte gern und zeichnete viel. Die Mutter hob alle seine Bilder auf. Sie übte mit ihm auch Diktat und Rechnen und las viel über Erziehungsfragen. Ab und zu fing sie davon an, ob sie nicht halbtags wieder in der HESSISCHEN LEBEN arbeiten sollte. Aber als Roland auf das Gymnasium kam, ließ sie den Gedanken wieder fallen. Sie hatten es auch nicht nötig, dass sie arbeiten ging, denn der Vater verdiente immer besser. Seine Provisionen waren gestiegen.
Eines Tages kam der Vater begeistert aus der HESSISCHEN LEBEN nach Hause und brachte ein neues Spiel mit. Das hieß SUPERHIRN.

– Damit kann man sein logisches Denken trainieren –, sagte er.
So richtig klargekommen sind sie mit dem Spiel aber nie.

Der neue Freund und die Whiskyflaschen

Im 7. Schuljahr kam Buddi in die Klasse. Er war schon 14, ein Jahr älter als Roland. Es dauerte nur ein paar Tage, dann hatte Buddi klar gemacht, wessen Kommando von jetzt ab galt. Die Klasse teilte sich in den Buddi-Anhang und diejenigen, die – wie Roland – gern zu diesem Anhang gehört hätten. Außerdem gab es ein paar Schüler, die sich nicht für Buddi interessierten. Aber das waren sowieso Einzelgänger und zählten nicht.

Beim Sport in eine Mannschaft mit Buddi gewählt zu werden war eine Auszeichnung. Buddis Mannschaft gewann jedes Mal. Einmal hätte sich Buddi beim Fußball beinahe Roland als Torwart geholt, aber Martin Hanschke sagte schnell:
– Nee, den nicht! –,
und Buddi rief Torsten auf, obwohl jeder wusste, dass Torsten überhaupt keinen Ball halten konnte.
Roland lud Buddi zu seinem Geburtstag ein. Aber Buddi konnte leider nicht kommen, weil Uwe Nicolai an demselben Tag Geburtstag hatte.

Roland musste immer noch die Klammer tragen. Alle 14 Tage fuhr er mit der U-Bahn zum Zahnarzt. Zum Nachstellen. Auf dem Rückweg stieg er an der Hauptwache aus und trödelte in der B-Ebene herum. Auf diesem Platz unter der Erde, in den die Kellergeschosse der Kaufhäuser reichen, herrscht ein ständiges Durcheinander von Werbung und Waren. Preisknüller, Sonderangebote, Restposten. Plakate, Bücher, Blumen, Platten, Zeitungen, Tabak, Brot, Gemüse, Fleisch, Reisen in die Sonne, heiße Würstchen, Softeis. Überall Ankündigungen, Hinweise, Verbote. Nie ohne Fahrschein! Stadt an der Strippe. Angst vor der Zukunft? Privatkonten 70 Schritt weiter. Panikorchester, Schwanensee, Donkosaken. 80 Mitwirkende. Eingang, Ausgang, Durchgang.
Übergang, Untergang, dachte Roland einmal.

An diesem Tag blieb er stehen und hörte zu, wie eine Gruppe von Männern und Frauen ein Lied über Jesus sang. FREUDE DURCH GEHORSAM hatte einer der Männer mit Blockbuchstaben auf seine Gitarre geschrieben. Am Eingang zur

KAUFHALLE stand wie immer das Mädchen mit der Block-flöte. Roland hätte ihr gern etwas Geld gegeben, aber er hatte keins. Er sah zu, wie ein Pflastermaler bunte Kreide auf dem Steinboden verwischte. Es entstand etwas, von dem Roland nicht sagen konnte, ob es die Mona Lisa, eine Zigeunerin oder die Mutter Gottes werden würde. Ein Mann fiedelte auf einer Säge. Direkt neben der Rolltreppe lag ein Bettler und schlief.

KUNSTKOPF-PRODUKTIONEN stand auf dem Plakat im Schaukasten des Hessischen Rundfunks. 2. Programm, Hör-funk.
Roland stellte sich einen Kopf vor aus Glas. Hinter der Stirn sah er Zahnräder sich drehen, kleine Hebel auf und nieder gehen, rote und grüne Lämpchen aufleuchten, Funken über-springen. Jedes Mal, wenn ein Gedanke zu Ende war, ertönte ein Klingelzeichen.

Auf dem Boden lagen bunte Papierfetzen, alte Fahrscheine, Flugblätter, Reklame. Wie Konfetti, dachte Roland und ging mitten hindurch.

Nach den Osterferien traf Roland an einem Nachmittag Buddi im Holzhausenpark. An Buddis Rennrad war die Kette abge-sprungen. Roland nahm schnell die Klammer aus dem Mund und steckte sie in die Hosentasche. Er blieb stehen und sagte:
– Na... –,
und Buddi sagte:
– Scheiße. –
Roland sah einen Augenblick zu, wie Buddi sich abmühte, die Kette wieder über das Zahnrad zu ziehen. Dann holte er aus seiner Anoraktasche die kleine Flasche Eierlikör, die er Oma Geiger abgebettelt hatte.

– Willst du einen? –, fragte Roland.
– Was ist denn da drin? –
– Eierlikör. –
– Trink ich ja sonst nicht. Aber gib mal her. –
Buddi trank fast die ganze Flasche leer. Roland ließ sich den Rest auf die Zunge tröpfeln.
– Gut, nicht? –
– Na ja, nicht schlecht. Aber ich trinke lieber Whisky und so was. Eierlikör ist was für Säuglinge. –
– Ich trinke auch Whisky. Meistens –, sagte Roland, obwohl er noch nie welchen getrunken hatte.
– Woher kriegst du denn das Zeug? Hast du eine Quelle? –
– Hab ich –, sagte Roland.
– Dann besorg mal was und komm bei mir rum. Ich wohne in der Beethovenstraße. –
– Weiß ich. Wann soll ich denn kommen? –
– Na, wenn du was hast. –
– Morgen? –
– Von mir aus. Aber bring was mit! –
– Mach ich. –
– Okay, tschüs denn. –
– Ja, tschüs. –
Buddi stieg auf sein Rad und ließ die Zehngangschaltung krachen.

Roland ging gleich nach Hause. Er hatte einen Plan.
Die Mutter saß im Wohnzimmer und ribbelte das Vorderteil eines Pullovers zum zweiten Mal auf. Im Fernsehen lief KÖNIGLICHE HOHEIT mit Dieter Borsche und Ruth Leuwerik. Roland setzte sich aufs Sofa. Der Film war fast zu Ende. Als HEUTE anfing, hoffte er, dass die Mutter in die Küche gehen würde. Aber sie blieb sitzen.

– Musst du keine Hausaufgaben machen? –, fragte sie.

– Nee… –, sagte Roland. – Wir haben nichts auf. –

– Ich verstehe das nicht. Ihr müsst doch etwas aufhaben! –

– Nee, bestimmt nicht. Frau Wolf ist immer noch krank. –

– Ach so. –

Die Mutter schlug Maschen auf eine Nadel und zählte leise. Dann zog sie die Maschen wieder von der Nadel ab.

Roland nahm ein Sofakissen auf den Schoß und drückte es zusammen.

– Verknautsch das Kissen nicht –, sagte die Mutter.

Sie schlug neue Maschen auf und zählte laut bis neunzig. Sie fing an zu stricken.

Roland rutschte auf dem Sofa herum.

– Sitz doch mal still! –, sagte die Mutter, ohne aufzusehen.

Sie legte die beiden Reihen, die sie gestrickt hatte, auf das Rückenteil des Pullovers und verglich die Breite.

Im Fernsehen begann ABENTEUER AM ROTEN MEER. Sie sahen sich die neue Folge an, die Mutter strickte dabei. Als der Film zu Ende war und die DREHSCHEIBE anfing, ging sie in die Küche, obwohl sie gerade diese Sendung so gern sah.

– Ich muss jetzt Abendbrot machen, dein Vater kommt gleich. –

Einen Augenblick wartete Roland. Dann schlich er zu der Schrankwand und öffnete vorsichtig die Hausbar. Die volle Flasche Whisky stand in der zweiten Reihe. Roland nahm sie heraus, ohne gegen die anderen zu stoßen. Leise machte er die Hausbar wieder zu.

– Was willst du mit der Flasche? – Die Mutter stand in der Tür.

Roland fühlte, wie es ihm heiß im Gesicht wurde und wie sein Herz laut schlug.

– Ich brauche die… für die Schule… wir sollen eine Flasche mitbringen. Wir wollen Tropfkerzen machen. –

– Da kannst du doch nicht eine volle nehmen! Du spinnst ja wohl!

Die Mutter nahm ihm die Flasche weg und stellte sie in die Hausbar zurück.

– Du musst noch mal runter zu Teves. Wir haben kein Wasser mehr. Und bring auch zwei Bier mit. –

Roland nahm den Korb mit den leeren Flaschen und ging die Treppe hinunter. Draußen nieselte es. Er sah, wie sich am Fenster von der alten Marecke die Gardine bewegte. Dann rannte er zwischen zwei Autos über die Straße.

Bei Teves – FEINKOST & SPIRITUOSEN – war es wie jeden Abend gerammelt voll. In dem winzigen Laden standen mindestens zehn Leute. Alle Geschäfte in der Gegend machten pünktlich zu, nur bei Teves konnte man nach halb 7 noch etwas bekommen. Herr Teves und seine Frau hatten es nicht so eilig, sie waren beide schon über 70. Frau Teves sah sehr schlecht, sie musste mit dem Kopf ganz dicht an die Kasse herangehen, damit sie die Zahlen lesen konnte. Herr Teves war für die Getränke zuständig. Er musste oft in den Keller hinuntersteigen, weil in dem kleinen Laden zu wenig Platz war für alle Weinsorten und Alkoholika, die er führte. Es dauerte manchmal lange, bis Herr Teves aus dem Keller wieder auftauchte.

Eine ganze Weile musste Roland warten. Er hatte sich neben das Regal mit den Getränken gestellt. Unten reihten sich Wasserflaschen. Daneben Bier, Cola, Limonaden. Darüber die Weißweine. Direkt in Rolands Augenhöhe standen die kleinen Likörflaschen, immer vier hintereinander. Daneben kleine Whiskyflaschen, Weinbrand, Magenbitter. Ganz rechts die halben Flaschen Korn, Whisky, Cognac, Gin.

Außer Roland waren jetzt noch zwei Kunden im Laden. Eine Frau, die gerade bezahlt hatte und sich abmühte, alle Tüten in einer großen Tasche zu verstauen. Und ein Mann, der einen guten Rotwein wollte. Herr Teves ging in den Keller. Frau Teves legte Groschen und Markstücke in die verschiedenen Abteilungen der Kasse. Sie unterhielt sich mit dem Mann, der auf den Rotwein wartete. Die Frau mit der Tasche verließ den Laden.

Roland lehnte sich gegen das Regal, nahm eine halbe Flasche Whisky vom Bord und ließ sie in seiner Anoraktasche verschwinden. Sein Herz klopfte.

Niemand hatte etwas bemerkt. Alles war, als sei nichts geschehen. Frau Teves unterhielt sich immer noch mit dem Mann, Herr Teves kam mit einem Rotwein aus dem Keller. Der Mann nahm die Flasche und bezahlte. Roland stellte seinen Korb auf den Ladentisch.

– Zwei Wasser und zwei Bier –, sagte er zu Frau Teves.

– Ach, Roland! Dich hab ich ja gar nicht gesehen! Nimm dir die Flaschen da unten raus. –

Roland nahm sich das Wasser und das Bier und bezahlte. Herr Teves schenkte ihm einen Kaugummi.

Beim Abendessen war Roland guter Laune. Der Vater fragte ihn, ob er seine Hausaufgaben gemacht habe, und stellte den Fernseher an.

– Da ist irgendeine Sauerei mit der Krankenversicherung im Gange. Ich muss die Nachrichten sehen. –

Sie sahen HEUTE und aßen.

Nach dem Abendbrot half Roland seiner Mutter beim Abwaschen. Dann hing er noch eine Weile im Wohnzimmer herum.

Im Fernsehen gab es nichts Vernünftiges. Außerdem wollte der Vater seine Ruhe haben, weil er morgen einen wichtigen Kunden besuchen und sich noch vorbereiten musste. Die Mutter strickte an ihrem Pullover. Roland sagte früh gute Nacht und ging ins Bett. Er holte die Whiskyflasche unter der Matratze hervor und betrachtete das Etikett. Als die Mutter noch einmal hereinkam, steckte er die Flasche schnell unter die Decke und tat so, als hätte er in dem neuen ASTERIX gelesen. Sie brachte ihm eine leere Rumflasche.

– Hier, für eure Tropfkerzen. Und nun schlaf schön. –

Sie gab ihm einen Kuss und machte das Licht aus. Die Ausrede mit der Tropfkerze hatte er völlig vergessen. Er überlegte, ob er die Whiskyflasche aufmachen sollte, um zu probieren, wie Whisky schmeckt. Aber dann ließ er es. Das wollte er nicht, mit einer angebrochenen Flasche zu Buddi kommen.

Am nächsten Morgen wartete er vor der Schule auf Buddi.

– Hier! –, sagte er. – Ich hab eine. –

Buddi wollte die Flasche sehen und Roland erlaubte ihm einen Blick in die Tasche. Martin Hanschke kam dazu und wollte wissen, was sie da hätten. Aber Buddi sagte:

– Mensch, verpiss dich bloß! –, und ging zusammen mit Roland ins Klassenzimmer.

Nach dem Mittagessen hatte Roland es sehr eilig, zu Buddi zu kommen. Er nahm seine Schultasche und wollte verschwinden. Die Mutter hielt ihn zurück.

– Wo willst du hin? –

– Zu Buddi. –

– Wer ist denn das? –

– Ein Neuer aus meiner Klasse. Der wohnt in der Beethovenstraße. Wir machen Mathe zusammen. –

– Um 6 bist du aber wieder hier! –

– Ja, ja … –

Buddi machte selbst die Tür auf.

– Komm rein –, sagte er. – Hast du die Flasche? –

Sie waren allein in der Wohnung. Buddis Vater war in seiner Zahnarztpraxis und seine Mutter half nachmittags dort. Buddi hatte sein Zimmer mit Motorradpostern dekoriert, aber das Tollste war das Hochbett, das mitten im Zimmer stand und in das man über eine Leiter klettern musste. Um die vier Pfosten herum hing bis zum Boden ein gelber Vorhang.

– Da sitz ich immer drin –, sagte Buddi und schob den Vorhang beiseite.

Auf dem Boden lagen Matratzen und Kissen. Es war etwas eng wegen der Stereoanlage, die er da drinnen aufgebaut hatte, und wegen der vielen Platten.

– Na? –, fragte Buddi. – Irre! –, sagte Roland.

Den ganzen Nachmittag saßen sie in dem Zimmer im Zimmer. Sie sahen Heftchen an und hörten Platten. Ab und zu nahmen sie einen Schluck Whisky. Roland wurde angenehm müde. Er gab Buddi die Flasche und sagte:

– Ich mag nicht mehr. Du kannst den Rest haben. –

– Ich vertrag eine Menge –, sagte Buddi. – Sonst hab ich mir ja immer was aus unserer Bar genommen. Wenn da eine Flasche fehlte, das hat mein Alter gar nicht gemerkt. Aber dann hat der Zucki sich hier voll laufen lassen. –

– Der Uwe Zuckmann aus der 9 a? Der Dicke? –

– Ja. Mann, hatte der die Granate voll! Seine Mutter ist hier angetanzt und hat sich bei meinen Eltern beschwert. So ein Idiot! Soll er doch das Saufen lassen, wenn er nichts verträgt! Jetzt schließen meine Alten die Flaschen weg

und Taschengeld bekomme ich diesen Monat auch
nicht. –
– Ich kann ja wieder etwas mitbringen –, meinte Roland.
– Mach das –, sagte Buddi und legte MIDNIGHT RAM-
  BLER auf. In dem Mitschnitt vom BERKELEY CON-
  CERT.
DO YOU KNOW ABOUT THE MIDNIGHT RAM-
BLER. Roland fühlte sich wohl. Er nahm doch noch einen
Schluck. THE MAN WHO SHUT THE KITCHEN-
DOOR.
Als er gehen musste, gab Buddi ihm eine angebrochene Rolle
Pfefferminzdrops.
– Hier. Die fress ich immer, damit meine Alte nicht merkt,
  dass ich was getrunken hab. –

Roland fand schnell heraus, wie man unbemerkt Flaschen bei
Teves mitgehen lassen konnte. Im Laden mussten möglichst
viele Leute sein, dann war es ganz einfach. Beobachtete ihn
ein Kunde, sah Roland aufmerksam auf seinen Einkaufszet-
tel, nahm gezielt eine Flasche vom Regal und legte sie in seinen Korb. Wendete der Kunde sich ab, ließ Roland die Flasche schnell in der Tasche seines Parkas oder in dem extra
mitgebrachten Einkaufsbeutel verschwinden. Das Herz
klopfte ihm dabei, aber nicht mehr so stark wie am Anfang. Es
war beinahe ein angenehmes Gefühl. Wenn er bedient wurde,
unterhielt er sich mit den alten Teves. Er erzählte ihnen von
der Schule und hörte sich an, wie sie MUSIK IST TRUMPF
gefunden hatten. Er bekam fast immer einen Kaugummi geschenkt.

Die Mutter wunderte sich etwas, dass Roland sich neuerdings
zum Einkaufen drängte. Sonst hatte er nie Lust dazu gehabt.

– Freu dich doch –, sagte der Vater. – Außerdem ist es ja
wohl seine Pflicht, dir zu helfen, ohne dass man ihn jedes
Mal darum bitten muss. –
– Sie haben einen so netten Jungen, Frau Geiger –, sagte
Herr Teves zur Mutter. – Da können Sie richtig froh
sein. –
Roland wurde beim Klauen immer frecher. Vor allem, wenn
Frau Teves allein hinter dem Ladentisch stand.

Nachmittags ging er jetzt oft zu Buddi. Als die alten Teves
Betriebsferien machten, kam er ohne die übliche Flasche.
Buddi motzte:
– Ich denke, du bist so ein Superklauer! –
Sie wussten an diesem Nachmittag nicht so richtig, was sie
machen sollten. Roland ging bald wieder. Er versuchte, beim
HL-MARKT eine Flasche einzustecken, hatte dann aber doch
Angst, dass ihn jemand in den großen an der Decke aufge-
hängten Spiegeln beobachten könnte. Kurz vor 18 Uhr
klappte es im KAUFHOF. Unbemerkt ließ er im Gedränge in
der Lebensmittelabteilung eine Flasche Gin mitgehen.

Roland schüttelte sich, als er den Gin probierte.
– Igitt! Das schmeckt ja wie Parfüm! –
– Du musst den mit Zitronensprudel trinken. Dann merkst
du das gar nicht –, sagte Buddi.

Einige Male kam Buddi auch zu Roland nach Hause.
Einmal klingelten sie unten bei der alten Marecke. Als sie öff-
nete, riefen sie:
– Marecke! Alte Zecke!
Dumme Schnecke! Verrecke! –
und liefen die Treppe hinauf.
Die Mutter mochte Buddi nicht.

– Ich weiß nicht –, sagte sie. – Der Junge hat so was. –
Morgens kam Roland immer schwerer aus dem Bett. Die
Mutter musste ihn zwei-, dreimal wecken. Sie fand überhaupt, dass er schlecht aussähe.

– Was macht ihr da eigentlich bei diesem Buddi? –

– Och, nichts… –

– Gib deiner Mutter eine klare Antwort! –, sagte der Vater.

– Na, wir hören Platten und so. –

– Was heißt und so?! –

– Nichts. –

Die Mutter sah ihn forschend an. Wahrscheinlich glaubt sie,
dass wir onanieren, dachte Roland.

– Ich weiß nicht –, fing sie wieder an. – Dass du ausgerechnet mit diesem Buddi… Es gibt so nette Jungen in deiner
Klasse. –

– Wir machen zusammen Hausaufgaben –, fiel Roland
ein.

– Wovon man leider nicht viel merkt –, sagte der Vater abschließend.

Roland war in allen Fächern schlechter geworden. Das Einzige, was ihm Spaß machte, waren Aufsätze. Da fiel ihm immer viel ein, und seine Aufsätze wurden auch meistens vorgelesen.

– Wenn du in allen Fächern so gut wärst, brauchte man sich
um dich keine Sorgen zu machen –, hieß es in der Schule
und zu Hause.

In Englisch hatte er gleich drei Fünfen hintereinander geschrieben. Er war morgens immer schon nach der ersten
Stunde müde und döste den Vormittag so vor sich hin. Der
Thiele, ihr Klassenlehrer, hielt ihn nach einer Deutschstunde
zurück.

– Du, Roland, was ist eigentlich los? –

– Wieso? Was soll los sein? –

– Mir ist aufgefallen, dass du in der letzten Zeit so still bist. Bedrückt dich etwas? –

– Nö. –

– Frau Gräve hat sich beschwert, dass du bei ihr überhaupt nicht mehr mitmachst. –

– Ach die! Die macht so einen blöden Unterricht! –

– Na komm! –

– Ehrlich! Da schlafen alle. –

– Also, wenn du das langweilig findest, dann zeig ihr es wenigstens nicht so deutlich. –

Roland mochte den Thiele. Er war eigentlich der einzige Lehrer, den er richtig gut fand. Er hatte die Klasse mit Beginn des 7. Schuljahres übernommen und war bei ziemlich allen Schülern beliebt. Er hatte eine coole Art und ließ sich nicht provozieren von Leuten wie Martin Hanschke und Buddi, die fast immer den Unterricht störten.

Nach dem Elternabend am Ende der 7. Klasse muckte der Vater ganz schön.

– Das ist ja wunderbar, was wir von dir erfahren müssen. Alle deine Lehrer beschweren sich, dass du nicht mitarbeitest und deine Hausaufgaben schluderig machst. Was meinst du, wozu du auf die Schule gehst! –

– Ich bin immer so müde. –

– Dann geh, verdammt nochmal, eher ins Bett! –

– Nun schnauz doch nicht so mit dem Kind herum, Karl-Heinz! –, mischte sich die Mutter ein. – Du weißt doch, was das für ein Leistungsstress ist heute in den Schulen. –

Sie sah Roland forschend an.

– Vielleicht kriegt er auch nicht genügend Vitamine. Er ist

ja so gewachsen in der letzten Zeit! Wir müssen unbedingt mal zu Dr. Gülicher gehen. –

– Der Junge ist nicht krank, der ist einfach faul –, sagte der Vater.

Roland hatte überhaupt keine Lust, sich untersuchen zu lassen. Aber die Mutter hatte ihn angemeldet. Sie schwor auf Dr. Gülicher.

Dieser stellte bei Roland Gewicht und Körperlänge fest, sah sich seine Füße an und sein Rückgrat, drehte, wendete und beklopfte ihn. Organische Schäden fand er nicht. Er empfahl Roland etwas mehr Sport und verschrieb ein Vitaminpräparat, das morgens vor dem Frühstück mit etwas Flüssigkeit eingenommen werden sollte.

– Diese Generation wächst uns im wahrsten Sinne des Wortes über den Kopf! –, scherzte er und stellte der Mutter ein neues Rezept für ihre Beruhigungstabletten aus.

– Nur nicht zu viel davon nehmen, Frau Geiger –, sagte er. – Trinken Sie lieber abends einen kleinen Cognac. Das wirkt manchmal Wunder. –

Rolands Zeugnis war nicht gerade überragend, aber er wurde versetzt. Auch in der 8. Klasse behielten sie die Gräve in Englisch. Roland fand, dass sie es ganz besonders auf ihn abgesehen hatte. Da konnte er machen, was er wollte. Und sie hatte so eine Art, durch die er ganz nervös wurde. Das ging schon los, wenn sie ihn aufrief.

– Na, der Herr Geiger ist ja heute mal wieder in Hochform. Das Vergnügen möchten wir uns doch noch ein bisschen länger gönnen. Also, wie wär's mit to tread. Bitte. Ich warte. –

Natürlich wusste Roland, wie to tread ging. Aber jetzt breitete sich völlige Leere in seinem Hirn aus. Außerdem war die

Luft schlecht, fand er. Wenn sie keinen Sauerstoff haben, dann können sie nicht, die kleinen grauen Zellen da oben. Darüber hatte der Hartmann sich neulich erst verbreitet.

– Irgendwie stinkt es hier –, sagte Roland. – Wir sollten mal ein Fenster aufmachen. –

Unterdrücktes Gegacker in der Klasse. Laut loszulachen traute sich bei der Gräve niemand.

– Mir stinkt es schon lange –, sagte sie. – Das ist wieder eine saubere Fünf, Roland Geiger. Du musst ja wissen, ob du dir das leisten kannst. Peter Weiland, to tread. Bitte. –

– To tread, trod, trodden... –

Natürlich konnte er sich keine Fünf leisten. Das wusste die Gräve genau. Er war nicht nur in Englisch schlecht, sondern auch in Mathe und Geschichte. Der Behrmann, den sie in Geschichte hatten, stand auf Zahlen, und Zahlen machten Roland nun mal nicht an. Außerdem weiß inzwischen jeder, dass die Zahlenabfragerei in Geschichte mittlerweile völlig überholt ist, fand er.

To draw, drew, drawn... to blow, blew, blown... to grow, grew, grown...

Die Englischstunde war schon fast vorbei, und die Gräve hielt sich immer noch mit den unregelmäßigen Verben auf.

– Die irregular verbs sind das A und O der englischen Sprache –, brachte sie bei jeder Gelegenheit an.

Roland erhob sich. Die Gräve sah ihn erstaunt an.

– Ich muss mal auf die Toilette –, sagte er und verließ das Klassenzimmer. Auf dem Flur knallte er die Absätze seiner Westernstiefel hart auf den PVC-Boden.

In der Jungentoilette roch es nach Desinfektionsmitteln. Roland ging in sein Klo ganz links am Fenster. Er schloss ab, klappte die Klobrille herunter und setzte sich. Dann zog er den Flachmann aus dem Stiefel.

Es war heute das erste Mal, dass Roland seinen Klogang machte.

Er öffnete das Fenster und sah auf den Schulhof. Ganz links standen die Fahrräder, vorn am Eingang auf der Straße die Mofas und die Motorräder der Großen. Der Schulleiter wollte die Knatterdinger nicht auf dem Hof haben.
Buddi hatte zu seinem 15. Geburtstag eine KREIDLER FLORY bekommen, an der er ein bisschen herumgefummelt hatte, und jetzt fuhr die ihre 55 Sachen. Roland wünschte sich auch ein Mofa, aber die Mutter war dagegen.
  – Ich hätte dauernd Angst, dass dir etwas passiert. Außerdem werd erst mal 15. –
Immer hatte sie Angst. Dabei hatte Buddi ihn schon ein paar Mal auf seinem Mofa fahren lassen.
Roland setzte sich auf die Fensterbank und nahm einen Schluck aus seinem Flachmann. Er saß auf seiner TAUSENDER GOLDWING und drehte am Gas. Die Mühle heulte auf. Halt dich fest, sagte er zu seinem Mädchen. Sie legte die Arme um seine Taille. Er ließ die Kupplung schnalzen, und die Maschine zog ab. Beide trugen sie eine schwarze Ledermontur und goldene Helme.

Roland überhörte das Läuten am Ende der Stunde. Er erschrak, als die Schüler in den Toilettenraum stürmten. Jemand ballerte gegen seine Tür. Er zog runter und steckte den Flachmann wieder in den Stiefel. Als er aus dem Klo herauskam, schubsten sich zwei Kleine, die beide gleichzeitig hineinwollten.
  – Hast du die ganze Zeit auf dem Klo gesessen? –
An einem der Waschbecken stand Buddi. Roland nickte. Er hatte die Gräve und den ganzen Scheiß in der Schule vergessen.

– Guck mal, was ich hier habe –, sagte Buddi.
Er machte seine Lederjacke auf und ließ Roland kurz die Flasche in der Innentasche sehen. Roland deutete auf seinen Stiefel. Buddi zog genießerisch die Luft durch die Zähne.
– Wollen wir abhauen? –, fragte er.
– Von mir aus –, sagte Roland.

Sie gingen in das Klassenzimmer und holten ihre Taschen. Bei dem schönen Wetter waren die meisten in der Pause auf dem Hof. Bei über tausend Schülern fiel es nicht auf, dass Roland und Buddi die Schule verließen.
Buddi nahm sein Mofa, und Roland setzte sich auf den Gepäckträger. Unterwegs zogen sie sich jeder zwei Dosen Bier aus einem Automaten. Dann fuhren sie zum Grüneburgpark und drehten zwei schnelle Runden. An der Sandkiste bremste Buddi hart vor einem kleinen Jungen. Der setzte sich vor Schreck auf seinen Hintern und fing an zu weinen. Die Mütter auf den Bänken schimpften, eine hob den kleinen Jungen auf und wollte auf Buddi losgehen. Buddi lachte und fuhr um die Frau herum.
– Lass das! –, sagte Roland.
Und sie fuhren mit großem Speed über die Liegewiese.

Dann lagen sie in der Sonne und tranken das Bier. Ab und zu nahmen sie einen Schluck aus ihrem Flachmann. Roland ließ Grashalme durch seine Finger gleiten. Er riss Gänseblümchen die Köpfe ab und schichtete sie zu einem kleinen Berg auf. Er stellte sich vor, dass hinter dem Grüneburgpark das Meer wäre. Er hörte die Brandung und sah den weißen Saum, den die Gischt auf dem Sand zurückließ. Er ließ sich von der Brandung hin und her rollen.
Später fuhr Buddi noch einmal zu einem Automaten und holte für jeden zwei Bier. Sie saßen im Gras und trommelten

imaginäre Solos auf riesigen, elektronischen Schlagzeugen. Sie lachten über einen Trupp amerikanischer Soldaten, der schwitzend im Dauerlauf und in voller Uniform durch den Park trabte. Sie konnten nicht aufhören zu lachen. Sie stießen sich an und rollten über die Wiese.

Es war kurz nach 3 Uhr. Roland bekam einen Schreck.

– Mensch, ich muss nach Hause! Meine Mutter bekommt wieder Zustände! –

– Reg dich nicht auf. Wir rufen an und sagen, dass du bei mir bist. Wir mussten noch etwas für die Schule machen. –

Sie stiegen auf das Mofa und fuhren los. Ein Rentner schimpfte hinter ihnen her und stieß mit seinem Stock gegen die leeren Dosen, die sie auf der Wiese hatten liegen lassen.

In der Telefonzelle führte eine Frau ein Dauergespräch. Buddi machte die Tür auf, aber die Frau telefonierte weiter. Sie warteten und Buddi entdeckte das Kinoprogramm an der Anschlagsäule.

– Mann, im Zeiltheater läuft ACHTERBAHN! Den muss ich sehen. Der ist im Sensurroundverfahren. Wie ERDBEBEN. Da geh ich rein. Kommst du mit? –

– Ich hab kein Geld mehr. –

– Ich lad dich ein. Ich hab noch 20 Mark. Los, komm! Wir schaffen das noch in die 16-Uhr-Vorstellung. –

– Ich muss doch anrufen. –

– Das machen wir von der Stadt aus. –

Sie fuhren zu Buddi und stellten das Mofa im Hof ab. Dann nahmen sie die 19 zur Hauptwache. Im U-Bahn-Eingang zogen sie sich aus einem Automaten vier Dosen Bier, die sie heimlich mit ins Kino nahmen. Roland hatte ein schlechtes Gewissen, weil er seine Mutter nicht angerufen hatte. Aber da fing der Hauptfilm an, und er vergaß es.

Als sie aus dem stickigen Zuschauerraum an die frische Luft traten, taumelte Roland.

Der Film war Scheiße, dachte er. Es ist überhaupt alles Scheiße. An der Hauptwache trat er gegen den Fahrscheinautomaten, weil ein Groschen wieder herausfiel. Beim Einsteigen in die 19 rutschte er auf dem Trittbrett mit dem Fuß ab und stolperte. Er konnte sich in der Bahn nicht ordentlich festhalten und stieß bei jeder Kurve gegen sitzende Fahrgäste. Als ein Platz frei wurde, ließ Buddi sich breit auf den Sitz fallen. Er streckte die Beine weit aus und bedrängte das gegenübersitzende ältere Ehepaar. Der Mann fing gleich an:

– Hehehe! Benehmt euch mal anständig! –

Buddi laberte etwas Unverständliches und streckte seine Beine noch weiter aus. Eine Frau mischte sich ein:

– Die sind ja besoffen! –

Roland hatte das Gefühl, dass ihn ein Mann dauernd ansah.

– Komm, wir steigen aus, Buddi –, sagte er.

Vom Opernplatz aus gingen sie zu Fuß weiter.

Es war Buddi, der als erster in den Sandhaufen vor der Baustelle sprang. Roland nahm einen Anlauf und ließ sich der Länge nach in den feuchten Sand fallen. Sie tanzten auf dem Haufen herum, bis der Sand auseinander getreten war. Dann kippten sie gemeinsam eine Tonne um, die fast ganz mit Wasser gefüllt war. Die Tür in dem wackeligen Bauzaun fiel gleich heraus, als Buddi sich nur einmal kräftig dagegen lehnte. Sie wippten auf einem Stapel langer Bretter, dann liefen sie die Treppe in dem Neubau hoch. Im zweiten Stock lagen in einem Raum Zementsäcke. Sie wälzten einen Sack an die Fensteröffnung, wuchteten ihn zusammen hoch und ließen ihn nach unten fallen. Der Sack platzte, eine graue Staubwolke wirbelte auf. Unten lag in der Abenddämmerung fast menschenleer die Straße.

Jedes Mal, wenn wieder ein Sack unten zerplatzte, stießen sie einen wilden Schrei aus. Die grauen Staubwolken wirbelten bis zum ersten Stock hoch.

Sie hatten nicht bemerkt, dass zwei Polizeibeamte die Treppe heraufgekommen waren. Buddi versuchte erst noch die dumme Tour, von wegen ich hab vergessen, wie ich heiße, aber weit kam er nicht damit. Der eine Beamte fasste ihn hart an und schob ihn vor sich her zur Treppe.

– Das wird dir auf dem Revier schon wieder einfallen. Los, jetzt da runter! –

Roland sagte lieber gleich seinen Namen und seine Adresse. Der andere Beamte versetzte ihm einen Stoß, Roland stolperte und ging hinter Buddi her die Treppe hinunter. Im Streifenwagen mussten sie sich hinten hinsetzen, die Beamten verriegelten die Tür. Roland bekam einen Schluckauf.

Auf dem Revier musste er warten, bis der Vater ihn abholte. Er starrte vor sich auf den Boden und sagte nichts. Auf dem Boden war ein dunkler Fleck, der wie eine Birne aussah.

Schließlich kam der Vater. Er bestätigte Rolands Angaben zur Person und gab seine eigenen Personalien an. Er wurde über den Vorfall aufgeklärt und auch darüber, dass er für die Sachbeschädigung, die Roland auf der Baustelle verursacht habe, mit einer Strafanzeige rechnen müsse. Der Vater unterschrieb das Protokoll und konnte Roland mitnehmen.

Während sie nach Hause fuhren, sagte der Vater kein Wort. Auch im Treppenhaus nicht.

Die Mutter stand schon in der Tür. Sie sah den Vater angstvoll an.

– Ist was Schlimmes? –, fragte sie.

Der Vater machte die Wohnungstür hinter sich zu. Dann ging er auf Roland los. Erst schlug er ihn ins Gesicht.

– Dir treib ich das Saufen aus! –, schrie er.
Roland wehrte sich nicht. Er hielt die Hände schützend vors
Gesicht. Die Schläge trafen ihn überall auf den Körper. Er
hörte, wie die Mutter immer wieder rief:
– Karl-Heinz, schlag den Jungen nicht tot! Karl-Heinz,
schlag den Jungen nicht tot! –

Roland klaut

Buddi wurde nach dem Vorfall auf ein Internat geschickt.
Roland bekam vier Wochen Stubenarrest und kein Taschen-
geld.
– Von meinem Geld besäuft der sich nicht nochmal! –,
hatte der Vater getobt. – Von meinem Geld nicht! –
In der zweiten Woche steckte die Mutter Roland 10 Mark
zu.
– Aber erzähl es deinem Vater nicht. –
Roland sagte:
– Nein, bestimmt nicht! –,
und kaufte sich an der Trinkhalle einen Zitronensauren. Er
versteckte die Flasche unten in seinem Kleiderschrank und
nahm sich vor, sparsam damit umzugehen.
Er schlief unruhig und hatte am Morgen ein Würgen im
Hals. Er stand auf und holte sich die Flasche aus dem Kleiderschrank. Nach dem ersten Schluck ging es ihm besser.

Ein paar Tage später nahm er seiner Mutter einen Zehn-
markschein aus dem Portemonnaie. Er ging gleich nach der
Schule zu Teves und verlangte eine nicht so teure Flasche
Korn.
– Die will ich meinem Vater zum Geburtstag schenken –,
sagte er.

Der alte Teves suchte eine Marke aus, die nicht teuer, aber sauber gebrannt war, wie er sagte.

– Die ist genauso gut wie die teuren Sorten. Da hast du etwas Gutes für deinen Vater. –

Während der alte Teves die Flasche als Geschenk einpackte, nahm Roland schnell noch einen Apfelkorn vom Regal.

Er war froh, dass er wieder Vorrat hatte.

Als er am Freitag aus der Schule kam, weinte die Mutter.

– Dass du mir das antun musst! –

Roland wusste erst gar nicht, was los war. Dann zeigte sie ihm die beiden leeren Flaschen. Er hatte sie noch wegbringen wollen, aber dann war etwas dazwischengekommen.

– Die hab ich in deinem Schrank gefunden! –

– Na und? Die lagen schon lange da drin. –

Die Mutter sagte nur:

– Kind! –,

und versuchte, ihn in die Arme zu nehmen. Roland war das unangenehm.

Er hatte befürchtet, dass sie dem Vater gegenüber etwas von den Flaschen erwähnen würde, aber offensichtlich hatte sie die Sache für sich behalten. Sie sagte auch nichts, als die Geschichte mit dem Etikett passierte.

Der Vater war pinkeln gewesen und hatte runtergezogen. Aber es kam kein Wasser.

– Wieso geht das Klo nicht? –, fragte er die Mutter.

– Was weiß ich. Vielleicht ist etwas mit dem Schwimmer. –

Der Vater stieg auf das Klobecken und entdeckte im Wasserkasten die halb leere Flasche Kümmel. Das Etikett war abgegangen und verstopfte den Wasserabfluss.

– Mein Gott... –, sagte die Mutter und der Vater brüllte:

– Roland! Hast du den Scheiß hier gemacht?! –
Roland wusste auch nicht, wie die Flasche in den Wasserkasten gekommen sein könnte. Vielleicht waren es die Handwerker?

– Wir haben seit Jahren keine Handwerker gehabt! –
– Dann liegt das Ding vielleicht schon seit Jahren da drin. –
– Mir reicht's jetzt! Renate, halt mich mal fest! –
Der Vater stieg vom Klo herunter und wusch sich die Hände.

– Mein lieber Freund –, sagte er und betonte jedes Wort. – Wenn ich dich noch einmal erwische… –

Zu seinem 15. Geburtstag bekam Roland kein gebrauchtes Mofa, sondern eine gute Kamera.

– Damit kann man alles machen –, sagte die Mutter. – Die Fototasche schenken dir Opa und Oma Geiger dazu. –
Der Vater meinte:

– Eigentlich hast du das alles ja gar nicht verdient! –
Aber dann boxte er Roland freundschaftlich in die Rippen und sagte:

– So, und jetzt stoßen wir auf deinen Geburtstag an. –

Von der Schule war ein Schreiben gekommen, dass Roland wiederholt unentschuldigt gefehlt habe.

– Roland –, sagte die Mutter. – Kind, was machst du bloß! –
– Kannst du nicht dem Thiele sagen, dass ich an den Tagen immer zum Arzt musste und du keine Zeit gehabt hast, mir eine Entschuldigung zu schreiben? Bitte, Mami! –
– Ogottogott, das dürfen wir deinem Vater alles gar nicht sagen. Du weißt, was der für ein Theater macht! –

Der Vater war in der letzten Zeit sehr nervös und fuhr bei jeder Kleinigkeit aus der Haut. Er hatte fest damit gerechnet, dass er Generalagent bei der HESSISCHEN LEBEN werden würde. Aber die Direktion hatte seinen Kollegen Maslowski vorgezogen.

– Bloß weil der immer saunen geht mit dem Chef! –

Außerdem gingen dem Vater die Haare aus. Er hatte sich verschiedene Mittel in der Apotheke gekauft, aber die halfen nicht. Er kämmte sich jetzt die seitlichen Haare über die kahlen Stellen. Roland fand das affig. Irgendwann würde er dem Vater das sagen.

Am nächsten Tag ging die Mutter in die Schule. Der Thiele bestand darauf, dass Roland bei der Besprechung dabei war.

– Es geht ja schließlich um dich! –

Die Mutter kam wirklich damit heraus, dass Roland häufig zum Arzt gemusst habe. Aber der Thiele unterbrach sie sofort.

– Frau Geiger, wir wollen nicht darum herumreden. Ich habe das Gefühl, dass Roland auf dem besten Wege ist, alkoholabhängig zu werden. –

Die Mutter sah ihn entsetzt an. Woher weiß der Thiele überhaupt davon, dachte Roland und verteidigte sich:

– So viel trinke ich gar nicht! –

Der Thiele riet der Mutter dringend, mit Roland eine Suchtberatungsstelle aufzusuchen.

– Und Ihr Mann sollte unbedingt dabei sein. –

– Mein Mann ist so viel unterwegs. –

– Alkoholabhängigkeit ist eine Krankheit, Frau Geiger. Sie dürfen das nicht auf die leichte Schulter nehmen. –

– Das tue ich ja gar nicht. –

– Bei Jugendlichen ist der Weg in die Abhängigkeit viel

kürzer als bei Erwachsenen. Bei Erwachsenen kann es acht, zehn Jahre dauern, bis einer Alkoholiker wird. Bei einem 15-Jährigen genügen manchmal sechs Monate. –
– Das ist ja furchtbar! –
Dann sagte der Thiele noch, dass Roland sich sehr anstrengen müsse, um die Klasse zu schaffen.
– Englisch Fünf, Mathematik eine schwache Vier, Biologie auch Vier minus. Das kann knapp werden, Roland. –

Auf dem Nachhauseweg weinte die Mutter und Roland hatte wieder sein schlechtes Gewissen.
– Mami, bitte glaub mir, ich trinke überhaupt nichts mehr! Da kannst du Gift drauf nehmen! –
– Nun mach nicht auch noch dumme Witze! –
– Nein, ehrlich. Du wirst es sehen. Ich verspreche dir das. Außerdem spinnt der Thiele. Ich trinke viel weniger als Martin Hanschke und der Peter Lattow. Der säuft vielleicht! –

Roland nahm sich fest vor, weniger zu trinken. Er machte sich einen Zeitplan. Nichts trinken vor 17 Uhr. Nur alle drei Stunden trinken. Ein Rest muss in der Flasche bleiben. Keine harten Sachen mehr. Äppelwein, dachte er. Äppelwein ist gut. Da ist nicht so viel Alkohol drin. Äppelwein hatten sie auch immer zu Hause.
– Das einzig Richtige gegen Durst –, behauptete der Vater.
– Auf jeden Fall besser als Bier –, meinte die Mutter. – Ich hab irgendwo gelesen, dass Äppelwein sehr viele Mineralien enthält. –

Roland schlief schlecht und wachte oft schon auf, wenn es noch halb Nacht war. Manchmal musste er sich übergeben.

Er hatte Angst, dass die Eltern das Würgen hören könnten. Aber der Vater schlief meistens wie ein Sack, und die Mutter nahm in der letzten Zeit starke Schlafmittel. Wenn Roland etwas getrunken hatte, ging es ihm besser.
Die Mutter fragte bei jeder Gelegenheit:
– Du hast doch nicht wieder etwas getrunken? –
Einmal schrie er sie an:
– Ich trinke überhaupt nichts mehr! –
Er überraschte sie, wie sie in seinen Sachen herumwühlte.
Jetzt versteckte er die Flaschen besser. Er hatte selten Hunger, aß nur der Mutter zuliebe. Ihr sorgenvolles Gesicht machte ihn manchmal ganz verrückt.

Roland hatte Glück und wurde in die 9. Klasse versetzt.
Am ersten Schultag nach den Ferien hieß es plötzlich, dass sie den Bromme als Klassenlehrer bekommen sollten. Es gab Aufregung in der Klasse. Die meisten wollten etwas dagegen unternehmen.
– Das lassen wir uns nicht gefallen! Wir wollen den Thiele behalten! –
Aber auch der Thiele konnte nichts daran ändern.
– Ich bin selbst vor die vollendete Tatsache gestellt worden, dass ich euch abgeben und eine der beiden 5. Klassen übernehmen soll. –
Abgeben, ablegen, abwerfen, dachte Roland.

In Englisch behielten sie die Gräve. Vor jeder Arbeit, die sie schreiben ließ, konnte Roland nicht einschlafen. Die Mutter gab ihm dann von ihren kleinen rosa Pillen. Sie hatte in ihrem Nachttisch eine ganze Sammlung von Kopfschmerz-, Beruhigungs- und Schlaftabletten. Von den kleinen rosa Dingern sogar eine Klinikpackung. Es fiel nicht auf, wenn Roland sich welche davon nahm. Sie machten so angenehm dösig.

Immer häufiger nahm er der Mutter Geld aus dem Portemonnaie. Fünfmarkstücke, einen Zehnmarkschein, dann wieder Kleingeld. Einmal entdeckte er im Wäscheschrank vier Fünfzigmarkscheine. Er konnte nicht widerstehen und steckte einen ein.

Später fragte er sich, ob die Mutter nichts gemerkt hatte oder bloß nichts sagte.

Auch in der Klasse hatte Roland Schulden. Einige bedrängten ihn und wollten ihr Geld zurück. Er musste sich immer wieder etwas Neues einfallen lassen, um sie hinzuhalten. Ulrike Bartels bekam seit einem halben Jahr 40 Mark von ihm.

Es war der Mutter sehr peinlich, als Frau Bartels deswegen bei ihr anrief. Sie entschuldigte sich mehrmals für Roland. Anschließend jammerte sie:

– Nun fängst du auch noch Geldgeschichten an! Ich möchte mal wissen, womit ich das verdient habe. –

Roland versprach der Mutter, dass er die 40 Mark von seinem Taschengeld bei ihr abstottern würde. Aber daraus wurde nie etwas.

Ulrike war es sehr unangenehm, dass ihre Mutter bei Rolands Mutter angerufen hatte.

Mitten im 9. Schuljahr kam Elisabeth Kühn in die Klasse. Sie war vorher in München auf die Schule gegangen und in den meisten Fächern weiter.

– Ihr seid ja auch ein lahmer Haufen! –, sagte der Bromme, den sie jetzt in Mathe hatten. – Wenn ich schon sehe, wie Opa Geiger da wieder rumhängt! Wie nachts um drei an der Bar! Geiger, sind zwei Dreiecke kongruent, wenn sie gleiche Winkel haben? –

Roland hatte gedöst und war ganz in Elisabeth versunken. Er fand, dass sie schöne Haare habe. Sie rollte beim Sprechen das R. Roland gefiel das. Er hatte überhaupt nicht zugehört, was der Bromme da von Seiten, Winkeln und Kongruenzabbildungen erzählte.

Vorsichtshalber antwortete er erst einmal:
> – Ja. –
> – Geschickt, wie unser Freund Geiger ist, hat er mal wieder auf die falsche Möglichkeit gesetzt. Natürlich sind die Dreiecke nicht immer kongruent. –

Einige in der Klasse lachten.

Nach der letzten Stunde wurden zwei Leute gebraucht, die die Texte für den nächsten Tag kopieren sollten. Als Roland sah, dass Elisabeth sich meldete, rief er schnell:
> – Ich mache auch mit! –

Während sie eine Seite nach der anderen in den Kopierapparat legten, sagte er kein Wort. Er sah Elisabeth auch nicht an.

Als sie fertig waren, fragte sie:
> – Wo gehst du denn längs? –
> – In Richtung Bockenheimer Warte. –
> – Dann können wir ein Stück zusammen gehen. Ich fahr mit der 24. –

Auch auf dem Weg zur Haltestelle schwiegen sie. Die 24 kam gleich und Elisabeth sagte:
> – Ja, tschüs denn… –

Roland fiel nichts anderes ein als:
> – Ja, tschüs. –

Er ärgerte sich über sich selber.

Am Samstag hörte er, dass Elisabeth und noch einige andere aus der Klasse sich abends im DROP IN treffen wollten.

– Vielleicht komme ich auch –, sagte er.

Er lieh sich von Christian Berg aus der Parallelklasse 10 Mark und kaufte an der Trinkhalle eine Flasche Korn.

Nach dem Mittagessen nahm er sich aus dem Kühlschrank eine Fanta und ging in sein Zimmer. Er setzte sich an seinen Schreibtisch und füllte ein großes Glas halb voll Korn, halb voll Fanta. Die Fantaflasche ließ er auf dem Tisch stehen. Sicherheitshalber.

Einmal kam die Mutter herein. Roland tat so, als mache er seine Hausaufgaben. Sie ging, ohne etwas zu sagen, wieder hinaus.

Roland dachte an Elisabeth. Er stellte sich vor, wie sie miteinander tanzten. Sie gingen langsam aufeinander zu, erstarrten in Positionen und lösten sich wieder. Im Rhythmus der Musik spiegelten sie sich tausendfach im Raum. Ihre Hände zogen farbige Tropfen zu Bändern und Streifen, und sie schwebten in unendlicher Vervielfältigung umeinander.

Ohne dass der Vater es sah, gab die Mutter ihm 20 Mark fürs DROP IN.

   – Aber besauf dich nicht! –
   – Quatsch –, sagte Roland. – Da kann man sich gar nicht
      besaufen. Da ist das viel zu teuer. –
   – Um 12 bist du spätestens wieder zu Hause! –, rief der
      Vater hinter ihm her.

Die anderen waren schon da, als Roland kam. Elisabeth saß neben Martin Hanschke. Roland holte sich an der Bar eine Cola mit Rum und setzte sich neben Ulrike. Er trank sein Glas sehr schnell aus und holte sich ein zweites.

   – Du säufst ja ganz schön –, sagte Elisabeth.

Hinter Roland gab es plötzlich ein Gedränge. Ein Junge stieß gegen seinen Hocker.

- Mann, pass doch auf, wo du hinlatschst! –, ging Roland
  gleich hoch.
- Entschuldige, ich habe das nicht mit Absicht getan. –
- Dein Glück! Sonst hättest du mich kennen gelernt! –
- Mensch, reg dich ab und markier hier nicht den starken
  Mann! –, sagte Martin Hanschke.
- Jetzt hört doch auf! Komm, wir tanzen. –

Elisabeth zog Martin hoch. Roland hörte noch, wie der
Hanschke sagte:

- Mehr als saufen kann der auch nicht! –

Ich mach euch alle fertig, dachte Roland und ging an die Bar.
Er kaufte sich für seine letzten 5 Mark die dritte Cola mit
Rum. Er überlegte, ob er noch ins PENTHOUSE gehen
sollte. Aber draußen regnete es, und er ging nach Hause.

Die Eltern saßen vor dem Fernseher und sahen sich AM
LAUFENDEN BAND an. Roland sagte:

- 'n Abend –,

und setzte sich zu ihnen. Die Mutter wunderte sich, dass er
schon so früh wieder da war.

- War es nicht schön im DROP IN? –, fragte sie.
- Doch. –

Sie sah ihn an.

- Doch! –, wiederholte er und stand auf. – Ich geh ins Bett,
  ich will morgen Mathe machen. Wir schreiben Montag
  eine Arbeit. –
- O Gott! –, sagte die Mutter. – Worüber denn? –
- Kann man denn hier nicht einmal in Ruhe eine Sendung
  zu Ende sehen! –, regte sich der Vater auf.
- Ich geh schon –, sagte Roland.

Er gab seiner Mutter keinen Kuss, obwohl er sich auf der
Treppe die Zähne mit Mundwasser eingerieben hatte.
Im Bett heulte er.

Am Sonntagvormittag hatte die Mannschaft des Vaters ein Punktspiel gegen den Ortsrivalen. Roland und die Mutter mussten mit. Ziemlich zu Anfang warf der Vater einen Siebenmeter und die Mutter brüllte wie verrückt:

– Tor! Tor! –

Roland ging in der Halbzeit nach draußen. In der Halle riecht es nach alten Turnschuhen, dachte er. Als er wieder hereinkam, stand es 12 : 12, aber die Mannschaft des Vaters gewann, 13 : 12.

Nach diesem spannenden Spiel war der Vater richtig aufgekratzt und lud die Mutter und Roland zum Essen in den DIPPEGUCKER ein. Sie bestellten Hasenkeule, und der Vater erklärte ihnen genau, mit welchen Tricks er den Torwart überlistet habe.

Am Nachmittag wollte Roland Mathe machen. Er legte sich Lineal, Zirkel und Winkelmesser zurecht. Die erste Aufgabe verstand er nicht. Konstruiere ein Dreieck ABC. Gegeben sind die Seite c = 5 cm, das Seitenverhältnis b : a = 2 : 1 und die Winkelhalbierende w γ = 3,5 cm. Auf dem Millimeterpapier zeichnete er mit dem Zirkel sich überschneidende Kreise, fand immer neue Möglichkeiten der Überschneidungen. Er holte sich seine Wasserfarben und malte die Segmente farbig aus.

Plötzlich stand der Vater im Zimmer.

– Was soll denn der Quatsch? Ich denke, du machst Mathe! –

– Ich wollte mal was ausprobieren. –

– Was heißt hier ausprobieren? Deine Aufgaben sollst du machen! –

– Ich habe irgendwie keine Lust... –

– Danach geht das nicht. Ich kann auch nicht immer nur das tun, wozu ich Lust habe. –

– Ja, ja, ich mach ja schon. –
Der Vater ging wieder hinaus.
Roland rührte noch einen Augenblick mit dem Pinsel in dem schmutzigen Malwasser. Wieso eigentlich weh gamma?, dachte er.

Am Montag ließ der Bromme über Algebra schreiben und behauptete auch noch, er habe es ausdrücklich gesagt. Roland konnte sich nicht konzentrieren, er hatte das Gefühl, dass der Bromme ihn dauernd beobachtete. Seine Hände zitterten, die Schrift wurde krakeliger und krakeliger. Ganz langsam malte er immer größere Zahlen.
Der Bromme wanderte durch das Klassenzimmer. Er blieb eine Weile hinter Roland stehen. Dann nahm er ihm das Heft weg.
– Das ist ja wohl nicht dein Ernst, Geiger –, sagte er.
Roland fühlte, wie ihm der Schweiß ausbrach.
– Mir ist schlecht –, sagte er. – Ich muss irgendetwas gegessen haben. –
Der Bromme zog die Augenbrauen hoch. In der Klasse entstand Unruhe. Martin Hanschke ließ sich von Ulrike die Lösungen vorsagen. Der Bromme brüllte:
– Hanschke! –
und:
– Weiterarbeiten! –
Dann sagte er zu Roland:
– Geh mal raus an die frische Luft. –
Roland stand auf und taumelte leicht. Der Bromme hielt ihn fest und sah einen Moment so aus, als wüsste er nicht, was er machen sollte. Elisabeth meldete sich:
– Ich bin fertig. Soll ich mal mit Roland rausgehen? –
Der Bromme nickte. Elisabeth gab ihr Heft ab.
– Ja, in Ordnung –, sagte er. – Geh mal raus mit ihm. Dass

der uns hier nicht noch umfällt. So. Und die anderen schreiben weiter! –

Elisabeth machte im Treppenhaus ein Fenster auf. Roland lehnte sich hinaus. Er zitterte.

– Ist dir kalt? –, fragte sie.

– Nee, nee... –

Roland überlegte, ob er auf die Toilette gehen sollte. Aber die Jungentoilette im 2. Stock war geschlossen. Die Treppe runter schaff ich nicht mehr, dachte er.

Es war ihm plötzlich egal, dass Elisabeth da stand und ihn besorgt ansah.

– Ich muss mal einen trinken –, sagte er und zog den Flachmann aus dem Stiefel.

Elisabeth sah aus dem Fenster, als er trank.

– Brauchst du das? –, fragte sie.

– Manchmal... –, sagte Roland.

Als sie ins Klassenzimmer zurückkamen, fragte der Bromme:

– Na, geht es besser? –

– Ja –, sagte Roland. – Ist wieder okay. –

Nach der Stunde schlug der Bromme ihm vor, die Arbeit nächste Woche nachzuschreiben.

– Du weißt, das ist reine Freundlichkeit von mir, Geiger. Normalerweise lasse ich nicht nachschreiben. Aber weil du so auf der Kippe stehst, will ich dir die Gelegenheit geben, dich zu verbessern. Sonst sehe ich nämlich schwarz für deine Versetzung. Du solltest dich mal mit jemand aus der Klasse zusammensetzen und dir die quadratischen Gleichungen vornehmen. Frag doch mal Elisabeth Kühn, vielleicht macht die das. –

Eigentlich brauche ich die Arbeit gar nicht erst nachzuschreiben, dachte Roland. Die verhaue ich sowieso wieder. In Mathe fehlte ihm inzwischen jeder Durchblick. Aber er fragte Elisabeth dann doch. Sie war sofort einverstanden.

– Komm gleich heute zu mir –, sagte sie. – So gegen 3. –

Roland klingelte schon 20 vor 3 bei Elisabeth.

– Ich bin etwas eher gekommen –, sagte er.

– Macht nichts, komm rein. –

Elisabeth war allein zu Hause.

– Meine Mutter kommt immer erst gegen halb 6 aus dem Dienst. Sie arbeitet als Laborantin in der Uniklinik. Und meine Schwester kommt um 5. Die macht im Augenblick ein Praktikum bei einem Architekten. –

– Ich wusste gar nicht, dass du eine Schwester hast. –

– Ja, die ist 19 und hat im letzten Jahr Abi gemacht. –

– Und dein Vater? –

– Der ist in München. Meine Eltern haben sich scheiden lassen. Deswegen sind wir auch weg aus München. Ich mach uns erst mal einen Tee und dann fangen wir an. Quatschen können wir nachher. –

Roland hatte eigentlich gar keine Lust, mit den Matheaufgaben anzufangen, aber Elisabeth schlug den TITZE auf, ALGEBRA II.

– Wenn der Bromme schon gesagt hat, dass du dir die quadratischen Gleichungen nochmal ansehen sollst, dann lässt er dich garantiert darüber schreiben. –

Sie ließ ihn einige Aufgaben durchrechnen. Jedes Mal, wenn Roland nicht weiterwusste oder einen Fehler machte, half sie ihm. Dann redeten sie über die Lehrer und ein bisschen über die anderen aus der Klasse. Elisabeth fand auch, dass der Bromme ein Widerling sei.

Als Roland am nächsten Montag in der 3. Stunde in die Bibliothek ging, um die Arbeit nachzuschreiben, wünschte Elisabeth ihm alles Gute. Er war aufgeregt. Aber er hatte Glück. Der Bromme gab ihm wirklich quadratische Gleichungen, und unter den Aufgaben waren sogar zwei, die er mit Elisabeth durchgerechnet hatte.

Er bekam die Arbeit schon am Dienstag zurück.

Der Bromme tat erstaunt.

– Eine mittlere Sensation! Freund Geiger hat seinen Keks mal angestrengt und eine Drei minus geschrieben. –

Roland sah, wie Elisabeth sich freute.

Sie waren jetzt oft zusammen. Er sah zu, dass er nachmittags so schnell wie möglich von zu Hause wegkam. Die Mutter hatte in der letzten Zeit häufig ihre Depressionen. Sie stand dann oft im Badezimmer und betrachtete ihr Gesicht im Spiegel. Der Vater war noch mehr unterwegs als sonst.

Einmal gab es spätabends einen Krach zwischen den beiden. Die Mutter schrie:

– Für so blöd brauchst du mich nicht zu halten! –

– Und mir passt das nicht, dass du hinter mir herspionierst! –

Der Vater knallte die Wohnungstür zu. Dann war es still. Nach einer Weile kam die Mutter in Rolands Zimmer und sagte leise mit verheulter Stimme:

– Roland? –

Roland tat so, als ob er schliefe.

Der Mutter passte es nicht ganz, dass er sich jetzt fast jeden Tag mit Elisabeth traf. Aber der Vater unterstützte ihn.

– Ein Junge, der in diesem Alter keine Freundin hat, der ist nicht normal! –

Roland schrieb ein Gedicht. Erst wollte er es wegschmeißen.

Er hatte Angst, dass Elisabeth lachen würde, aber dann zeigte er es ihr doch. Sie las es sich zweimal durch und fragte, ob sie das Gedicht behalten dürfe.

   – Das ist schön –, sagte sie. – Es ist überhaupt schön, mit dir zusammen zu sein. –

Sie legte die Arme um seinen Hals und sie küssten sich.

Elisabeth hatte Roland nie direkt auf seine Trinkerei angesprochen. Er kam jetzt ganz gut klar damit. In der allerersten Zeit mit Elisabeth vergaß er die Flasche manchmal sogar ganz. Roland war froh darüber. Ich habe Recht gehabt, dachte er. Ich kann aufhören. Aber dann brauchte er doch wieder seinen morgendlichen Schluck. Nur am Tage, da blieben die Abstände größer. Eine Flasche, die sonst gerade von Montag früh bis Dienstagabend gereicht hatte, war jetzt erst Mittwochabend oder im Laufe des Donnerstags leer. Er gab sich Mühe, manchmal auf einen Schluck zu verzichten. Elisabeth zuliebe.

Einmal gab es im DROP IN eine blöde Szene.
Martin Hanschke hatte heimlich eine Flasche Rum in die Diskothek mitgebracht und wollte allen etwas zugießen. Roland hielt die Hand über sein Glas.

   – Danke, ich möchte nichts. –
   – Dein Kindermädchen passt wohl auf dich auf! –, sagte der Hanschke grinsend.
   – Du bist ein richtiges Schwein, Martin –, sagte Elisabeth, bevor er antworten konnte.

Roland war das Ganze peinlich.

Auch zu Hause klappte es jetzt besser. Abends nahm er sich gewöhnlich ein Bier aus dem Kühlschrank. Die Mutter guckte zwar immer komisch.

– Schon wieder ein Bier?! –

– Das ist heute das erste, Mami! Ein Bier! Das ist doch gar nichts. Außerdem ist in Bier kaum Alkohol. –

– Red nicht solchen Stuss! –, sagte der Vater. – Und du, Renate, musst langsam kapieren, dass der Junge kein Baby mehr ist. Mit 16 kann der schon mal ein Bier vertragen. –

– Roland ist gerade 16 geworden! –

– Pass lieber auf, dass du keine Alkoholikerin wirst! –, sagte der Vater lachend. – Du pichelst auch ganz schön was weg. –

Die Mutter war beleidigt. Die beiden winzigen Cognacs, die sie abends trank, könne man ihr doch nun wirklich nicht vorwerfen.

– Du weißt genau, Karl-Heinz, dass ich dann besser einschlafen kann. Deshalb bin ich doch keine Alkoholikerin! –

– Was nicht ist, kann ja noch werden. –

Vor den Zeugnissen steckte die Mutter Roland mit ihrer Nervosität an.

– Wenn der Bromme dir bloß keine Fünf in Mathematik gibt! –

Ja, wenn. In Englisch war ihm die Fünf sicher und in Biologie stand er immer noch auf einer schwachen Vier.

Elisabeth behauptete zwar, dass sie ihn nicht sitzen lassen würden, aber er war sich nicht so sicher.

– Wenn ich sitzen bleibe, gehe ich ab –, sagte er zu ihr.

Was soll ich auf der Schule, wenn ich nicht mit Elisabeth in einer Klasse bin, dachte er.

– Du machst Abitur! –, drohte der Vater. – Und wenn du die Klasse dreimal machst! Ohne Abitur bist du eine Null. Jeder Schornsteinfeger braucht heute Abitur. –

Bei der Verteilung der Zeugnisse ging der Bromme nach dem Alphabet vor. Nach Petra Ehmcke kam Roland Geiger. Mit F gab es niemand in der Klasse. Der Bromme ließ sich mit Petra und ihren Einsen Zeit.

– So! –, sagte er dann. – Das war ja mal etwas Erfreuliches. Und nun zu Freund Geiger. Wie hättest du's denn gern? –

Roland hätte dem Bromme am liebsten ins Gesicht gehauen.

– Nun guck mal nicht so griesgrämig! Du bleibst der Klasse noch ein Jahr erhalten. –

Roland war den Tränen nahe.

Er konnte die dummen Sprüche von dem Bromme nicht mehr ertragen. Und dann dachte er, dass er gleich in Ohnmacht fallen würde. Sie hatten ihn versetzt. Sie hatten ihn versetzt!

Einige aus der Klasse klopften auf ihre Tische. Elisabeth lachte ihn an.

– Das muss gefeiert werden –, sagte der Vater und machte zum Abendessen eine Spätlese auf. – Die hat mir der Ahlberg geschenkt. Der Direktor von der IGA. –

Die Flasche war schnell leer.

Der Vater machte eine neue auf.

– Der ist nicht so gut, aber man kann ihn trinken. –

Nach dem Essen saßen sie im Wohnzimmer, der Vater blätterte in der Fernsehzeitschrift und die Mutter hatte ihre Kopfschmerzen.

– Ich glaube, ich muss bald ins Bett –, sagte sie.

Dem Vater fiel plötzlich ein, dass er die Unterlagen für einen Kunden, den er morgen besuchen wollte, im Büro vergessen habe.

– Verdammt, jetzt kann ich da noch mal hinfahren! Wie ist das, Roland, kommst du mit? –

Roland nickte und gab der Mutter einen Kuss.
– Tschüs, Mami. Bis später. –

Vor dem Gebäude der HESSISCHEN LEBEN blieb der Vater stehen.
   – Ehe wir raufgehen, könnten wir eigentlich drüben bei Erwin noch schnell ein kleines Bier trinken. Was hältst du davon? –
– Ja, von mir aus … –, sagte Roland langsam.
Das hatte er schon immer befürchtet, dass der Vater ihn mal in seine Kneipe mitnehmen würde. Wenn ich das bloß hinkriege, dachte er.

Die Runde am Stammtisch begrüßte den Vater mit Hallo.
   – Das ist mein Sohn Roland. Wir feiern gerade seine Versetzung! –
   – Na, großartig! Darauf müssen wir anstoßen! –
   – Erwin, die nächste Runde geht auf mich! –, rief der Vater dem Wirt zu. – Bier und Korn! Wie immer! –
   – Kommt sofort! –
Roland wurde es heiß.
Ein Dicker aus der Runde fragte:
   – In welche Schule gehst du denn? Ich darf doch du sagen? –
   – Natürlich sagst du zu Roland du! Das wäre ja noch schöner! –, antwortete der Vater. – Er geht aufs Gymnasium. Jetzt 10. Klasse. Mit gemeinsamen Anstrengungen haben wir es nochmal geschafft. Im Grunde ist das doch kriminell, was die heute auf den Schulen treiben. Da wird rumreformiert und rumreformiert, und wer sind die Leidtragenden? Danke, Erwin. –
Der Wirt stellte Bier und Korn vor sie hin.
   – Also, dann wollen wir mal. Auf den jungen Mann! –

Roland hatte plötzlich Sodbrennen. Er schob die Hand über die Tischplatte, damit niemand merkte, wie sie zitterte. Er sah, dass die anderen den Schnaps kippten. Dann trank er das erste Glas, obwohl er es nicht wollte.

– Dein Sohn hat ja einen ganz schönen Zug –, meinte einer.

Nach dem dritten Bier war die Runde bei den Witzen angelangt.
Ich bin völlig nüchtern, dachte Roland.
Jemand bestellte Jubiläums-Aquavit.

– Für Roland nicht! Der hat genug –, sagte der Vater.
– Ach was, auf einem Bein kann man nicht stehen! –, riefen die anderen. – Du musst dich daran gewöhnen, Karl-Heinz, dass dein Sohn ein Mann wird! –
Roland trank das Glas in einem Zug aus.
Was ist das bloß, dachte er. Ich spüre überhaupt nichts. Irgendwie wirkt das Zeug heute nicht.

Als Polizeistunde war, ließ der Vater durch Erwin ein Taxi rufen. Das mit dem Büro war wohl doch nicht so wichtig gewesen, dachte Roland.
Im Treppenhaus schwankte der Vater.

– Ich glaube, ich habe einen im Tee! –, gab er von sich und lachte ohne jeden Grund.
– Leise! Leise! –, sagte er immer wieder, obwohl Roland gar nicht laut war. – Wir wollen Rücksicht auf deine Mutter nehmen! –
Sie schlichen sich in die Wohnung.
Roland putzte sich nicht mehr die Zähne. Er ging gleich ins Bett. In seinem Turnschuh steckte noch eine kleine Flasche Cognac.

Auf dem Weg zum Kino entdeckte Elisabeth im Fenster eines Keramikladens einen Tontopf in der Form eines Kopfes.

– Guck mal, der gefällt mir! –

– So einen kann ich dir machen –, sagte Roland.

– Wirklich? –

– Ja. Schenk ich dir zum Geburtstag. –

Er hatte in der 5. Klasse im Werkunterricht mit Ton gearbeitet. Tiere modellieren war das Thema gewesen. Die meisten hatten nur komische Ungeheuer zustande gebracht, aber bei Rolands Werk konnte man genau erkennen, dass es ein Elefant sein sollte. Der Elefant wurde damals sogar in der Schule ausgestellt. Unten im Treppenhaus im Schaukasten.

Roland fragte gleich am nächsten Tag den Kunstlehrer, ob er ihm Ton besorgen könne, und erzählte, was er vorhatte.

– So ein Topf ist nicht ganz einfach. Aber du bist ja geschickt, Roland. Denk dran, 14 Tage muss der Ton trocknen und dann noch vorgebrannt werden. Drei Wochen musst du schon rechnen. Sag mir Bescheid, wenn du fertig bist, dann kannst du den Topf hier in der Schule brennen. –

– Mach nicht so viel Schweinkram –, sagte die Mutter und gab ihm das große Holzbrett, auf dem sie immer Zwiebeln schnitt.

Roland räumte auf seinem Schreibtisch alles beiseite. Dann rollte er lange Würste aus Ton. Vorsichtig legte er sie Schicht um Schicht übereinander und strich die Ränder glatt. Er sah das Gesicht genau vor sich, die weit auseinander stehenden Augen, die breite Nase, den Mund. An die Seiten würde er zwei Henkel machen. Die Nase sollte nicht zu weit vorstehen, dachte er, als alles langsam in sich zusammensackte.

Er fing an diesem Nachmittag noch zweimal von vorn an. Dann matschte er alles wieder zusammen.

– Wann krieg ich mein Brett wieder? –, fragte die Mutter.

– Wenn ich fertig bin –, sagte Roland und drückte mit dem Zeigefinger zwei Augenlöcher in den weichen Ton.

Der Ton trocknete schnell aus und wurde hart.

Ich muss mir neuen besorgen, dachte Roland. Ich weiß genau, wie ich das Gesicht machen muss.

In der Schule vergaß er immer wieder, sich vom Kunstlehrer neuen Ton zu holen.

– Was macht denn mein Topf? –, wollte Elisabeth wissen.

– Der ist in Arbeit –, sagte Roland.

Bis zu ihrem Geburtstag waren es noch genau drei Wochen.

In der Bockenheimer Anlage quatschte ihn ein Typ an, ob er Shit haben wolle.

– Nee, danke –, sagte Roland. – Ich mach mich doch nicht kaputt. –

Er hatte ein paar Mal Hasch geraucht, aber danach war ihm jedes Mal übel geworden. Nein, das war nichts für ihn.

Sie standen ein bisschen herum, und der Typ fragte ihn, ob er nicht Lust habe auf eine Partie Poolbillard im PENTHOUSE.

Natürlich hatte Roland Lust. Er spielte gern Billard, und wenn er etwas getrunken hatte, traf er die weiße Kugel besonders gut.

Harald, so hieß der Typ, bestellte ein Bier und Korn.

– Ich lad dich ein –, sagte er.

Er bezahlte auch die beiden nächsten Biere. Dabei wechselte er einen Hundertmarkschein. Harald spielte gut, aber Roland war noch besser.

– Wie alt bist du eigentlich? –, fragte er Harald.

– Zwanzig. –

– Und was machst du? –

– Im Augenblick nichts. Ich bin arbeitslos. –

Roland gefiel der Typ. Man konnte ganz gut mit ihm reden.

– Ich hab dich noch nie hier gesehen. –

– Ist verschieden, wo ich so hingehe. Meistens bin ich abends im MACKY MESSER. Sag mal, was ich dich noch fragen wollte ... Weißt du nicht jemand, der Whisky haben möchte? Ich hab da einen Bekannten, der kann den ganz billig besorgen. Allerdings muss man mindestens 12 Flaschen abnehmen. Literflaschen! –

– Was soll denn die Flasche kosten? –

– Der 12er-Karton einen Hunderter. Das ist einmalig. Das sind alles bekannte Marken. Da kosten 0,7 im Laden schon über 20 Mark. –

– Ich hätte schon Interesse ... hab aber nicht so viel Geld. –

– Das macht nichts, mein Bekannter nimmt auch Fotoapparate, Kassettenrekorder, Taschenrechner und so was. –

– Einen Fotoapparat hätte ich... –

– Kannst ihn ja mal mitbringen, wenn du daran interessiert bist. Ich bin morgen wieder hier. –

6 Flaschen könnte ich weiterverkaufen, überlegte Roland auf dem Nachhauseweg. Vielleicht für 12 Mark oder 13. Das wären schon 72 Mark. Abnehmer würde er genug finden. Aber wo sollte er bloß einen Karton mit 12 Flaschen unterbringen? Die Mutter schnüffelte dauernd in seinen Sachen herum und im Keller war es inzwischen auch zu gefährlich geworden. Der Vater hatte angekündigt, dass da unten demnächst mal gründlich ausgemistet werden sollte. Roland hatte schon

seine beiden Malzbierflaschen in Sicherheit gebracht, in die er sich Weinbrand abgefüllt hatte.

Schade, dass wir keinen Garten haben, da könnte ich die Flaschen vergraben, dachte er, als er im Grüneburgweg an dem Rohbau vorbeikam. Er blieb stehen. Eine Latte in dem Bauzaun ließ sich leicht zur Seite schieben. Roland machte sich dünn und kam gut durch die Lücke.

Für den Fotoapparat müsste Harald mir einen Hunderter geben, kalkulierte er. Das ist der mindestens wert.

Aber Harald sagte:

– Der ist gebraucht. Also gut, weil du es bist: einen halben Schein. –

– Aber ich habe höchstens einen Film damit geknipst! –

– Für gebrauchte Ware kann mein Bekannter nicht so viel anrechnen. Das musst du verstehen. –

Roland zögerte einen Moment. Aber dann zeigte Harald ihm im Kofferraum seines R4 den Karton mit den 12 Flaschen Whisky, und Roland konnte nicht anders. Harald erklärte sich bereit, die fehlenden 50 Mark bis zur nächsten Woche auszulegen.

Als es dunkler wurde, fuhren sie zum Rohbau und schafften den Karton in den 1. Stock. Roland entdeckte in einem Raum eine große Plastikplane, auf die sie sich setzten. Sie machten eine Flasche auf und nahmen ab und zu einen Schluck. Zwischendurch redeten sie ein bisschen, und Harald erzählte, dass er wahrscheinlich nach Australien auswandern würde.

Opale, dachte Roland. Und: Hier oben ist es richtig gemütlich.

Später musste Harald ins MACKY MESSER, weil er eine dringende Verabredung hatte. Bevor sie gingen, steckte sich Roland noch eine Flasche in die Tasche seines Parkas. Dann legte er die Plastikplane sorgfältig über den Karton.

Von Whisky bekommt man nicht so eine Fahne wie von Bier, dachte er. Das ist gut. Ich bin froh, dass ich den Whisky genommen habe. Vorsichtshalber benutzte er im Treppenhaus aber doch das Mundspray. Es war schon nach 10 Uhr. Er stellte sich innerlich auf das Gemecker ein, das es gleich geben würde. Aber der Vater war nicht zu Hause, und die Mutter saß im Wohnzimmer und strickte.

Sie hatte sich einen Edelzwicker aufgemacht.

– Du kommst spät –, sagte sie.

– Ich war noch bei Elisabeth. –

Er lehnte sich an den Türrahmen, damit sie nicht merkte, wie betrunken er war.

– Dein Vater musste mal wieder für zwei Tage nach Köln zur Hauptstelle. Aber ich glaube nicht, dass er da hingefahren ist. –

– Ach... Mami, ich bin so müde. Ich geh ins Bett, ja? –

– Gute Nacht, Roland. Schlaf gut –, sagte sie und war schon wieder mit ihrem Strickzeug beschäftigt.

In seinem Zimmer sah Roland, dass die Mutter sich das Holzbrett wieder genommen hatte. Der Tonkloß lag auf einem Stück Zeitungspapier. Die beiden Augenlöcher starrten ihn an. Er drehte den Kloß um.

Der Karton war schneller leer, als Roland gedacht hatte. Und mit dem Geschäft war es auch nichts Richtiges geworden. Er hatte nur 2 Flaschen verkaufen können und deshalb immer noch die 50 Mark Schulden bei Harald. Aber Harald ließ mit sich reden. Er besorgte einen weiteren Karton und gab ihm noch einmal Kredit. Roland versprach, das Geld bis zur nächsten Woche zu beschaffen.

Er lernte in der B-Ebene einen Jungen und ein Mädchen kennen. Die beiden spielten Gitarre und sangen Folksongs.

Ab und zu warf jemand, der in die U-Bahn oder in den KAUFHOF wollte, einen Groschen oder ein Fünfzigpfennigstück in den Teller, den sie vor sich auf den Boden gestellt hatten.

Sie nahmen gern von dem Whisky, den Roland in einer Thermosflasche mitgebracht hatte. Aber eine volle Flasche konnten sie nicht kaufen.

– Das ist auch nicht so wichtig –, sagte Roland.

Er setzte sich auf die Treppe und hörte zu, wie sie sangen.

In der Schule war er still und versuchte, nicht aufzufallen.

– Was ist denn los? –, fragte Elisabeth.

– Nichts. –

– Bist du wegen irgendetwas eingeschnappt? –

– Nein! –

– Kommst du heute Nachmittag zu mir? –

– Ich weiß noch nicht... vielleicht. –

– Möchtest du lieber allein sein? –

– Ja. –

– Ich kann das verstehen. Ich hab auch manchmal solche Zeiten, wo ich niemand ertragen kann. Ich fände es aber unheimlich traurig, wenn das mit uns aus wäre. –

– Das ist ja nicht aus. Im Augenblick hab ich nur... Ich weiß auch nicht, wie ich das sagen soll. –

Er war ganz froh, dass es zum Pausenende läutete. Er nahm eine von den kleinen rosa Pillen und verdöste die beiden letzten Stunden.

Abends kam er immer später nach Hause.

Es gab Streit mit dem Vater, der wissen wollte, wo Roland sich herumgetrieben habe.

– Ich hab mich nicht herumgetrieben! Ich war mit ein paar Typen zusammen. –

– Typen! Wenn ich das schon höre! Wer ist das über-
haupt? –
– Na, Freunde von mir. –
– Das hört jetzt auf mit der dauernden Weggeherei! –
– Du kannst mich nicht einsperren. –
– Du wirst schon sehen, was ich alles kann! –
– Karl-Heinz, ich halte das nicht aus, wenn du so mit dem
Jungen herumschreist! –, jammerte die Mutter.
Der Vater holte sich ein Bier.
– Ist ja wahr! –, sagte er und schmiss die Kühlschranktür
zu.
Bei Harald hatte Roland inzwischen 250 Mark Schulden.

Anfang der Woche sagte Elisabeth:
– Zu meinem Geburtstag am Samstag kommst du aber, ja?
Ohne dich hab ich keine Lust zu feiern. –
– Natürlich komme ich. –
– Ich dachte, wir fangen um 7 an. Aber du könntest früher
kommen und mir helfen. –
– Mach ich. –
– Ich freu mich drauf. –
– Ich auch. –

Am Samstag war schulfrei, und die Mutter kam auf die Idee,
einen großen Hausputz zu veranstalten. Als Roland im
Wohnzimmer den großen Teppich zusammenrollte, wurde
ihm schwindlig. Er konnte das schwere Ding nicht hochhe-
ben.
– Was bist du bloß für ein Schwächling! –, sagte der Vater
und fasste mit an.
Später sollte Roland den Müll hinunterbringen.
– Hier, das kann ja wohl auch weg! –, rief die Mutter und
steckte den Tonkloß zu dem anderen Abfall.

Beim Mittagessen kam Roland damit heraus, dass er noch kein Geschenk für Elisabeth habe. Die Mutter regte sich auf.

– Du kannst da doch nicht ohne etwas hingehen! Wie sieht denn das aus! –

Sie gab ihm 10 Mark, und Roland nahm gleich die Straßenbahn zum Opernplatz. Aber es war schon nach 2 Uhr, und alle Geschäfte hatten pünktlich zugemacht. In der Goethestraße traf er Peter Lattow, der gerade ein Bier trinken wollte. Roland ging mit und bestellte sich ein Guinness.

Es war 20 nach 9, als Roland bei Elisabeth ankam. Schon im Treppenhaus hörte er die Musik. Elisabeth machte ihm auf.

– Roland! Endlich! –

– Ich konnte nicht eher. Ich hatte einen Unfall mit dem Fahrrad. Aus der Schubertstraße kommt einer raus und direkt in mich rein. Gott sei Dank ist ja gleich um die Ecke das Rote Kreuz. –

– Ist dir was passiert? –

– Nein. Nur das Rad ist kaputt, und dann musste die Polizei das alles aufnehmen und so. –

– Du, sag mal, Roland, ist wirklich alles okay? –

– Ja, klar. Was guckst du denn so? –

– Ach, nichts. –

– Jetzt fang nicht an wie meine Mutter! –

– Mensch, sei doch nicht so empfindlich! Du hast mir noch nicht mal gratuliert! –

– Ach ja ... herzlichen Glückwunsch. –

Roland näherte sich Elisabeth, um ihr einen Kuss zu geben. Sie drehte den Kopf weg. Roland merkte, wie ihm heiß wurde. Er hatte wieder ein schlechtes Gewissen.

Sie sah ihn an.

– Du hast ja wieder gesoffen! Musste das unbedingt an meinem Geburtstag sein? –

– Ihr seid doch alle die Gleichen! –

– Roland! –

Elisabeth versuchte, ihn zurückzuhalten. Aber er rannte stolpernd die Treppe hinunter.

Im Jugendhaus war eine Fete im Gange. Einige Lehrer waren auch da. Der Thiele saß gleich neben der Tür. Er winkte Roland an seinen Tisch, aber Roland ging an die Bar.

> – Schieb mir mal ein Bier rüber –, sagte er zu dem Mädchen, das Apfelsaft ausschenkte.

> – Bier haben wir nicht –, antwortete das Mädchen.

> – Scheißladen. –

> – Ach, hau ab, du bist ja voll! –

Roland lehnte sich über den Tisch und stieß zwei volle Gläser um.

> – Mensch, pass doch auf! –

Das Glas rollte vom Tisch. Es klirrte. Jemand sagte:

> – Der ist besoffen und will hier Stunk machen. Schmeißt den doch raus! –

> – Fasst mich nicht an! –, brüllte Roland.

Der Thiele kam sofort und drängte ihn in Richtung Tür.

> – Komm, Roland –, sagte er. – Ich bring dich nach Hause. –

> – Ich kann allein nach Hause gehen! –

> – Das glaube ich nicht. –

Auf der Straße hielt der Thiele ihn am Arm fest, aber Roland machte sich los und wollte weglaufen. Er fiel hin. Der Thiele half ihm auf.

Unterwegs schwiegen sie. Roland bemühte sich, gerade zu gehen. Er wollte gleich ins Haus, aber der Thiele sagte:

> – Du, Roland, seid ihr eigentlich bei einer Suchtberatungsstelle gewesen? –

> – Nee. –

– Und warum nicht? Ich habe das deiner Mutter doch ausdrücklich gesagt! –

Roland zuckte nur mit den Schultern. Der Thiele fing noch einmal an.

– Das geht so nicht weiter, Roland. Willst du mich nicht mal besuchen? Ich glaube, wir müssen mal ernsthaft miteinander reden. Du weißt doch, wo ich wohne. Feuerbachstraße. –

– Ich hab keinen Bock auf Gelaber –, sagte Roland und ging ins Haus.

Am Sonntagnachmittag rief er Elisabeth an.

– Du, hab ich mich gestern irgendwie schlecht benommen auf deiner Party? –

– Du warst doch gar nicht da! Du bist um halb 10 gekommen und gleich wieder gegangen. Dass du was getrunken hattest, hab ich ja gemerkt. Aber dass du so... –

– Ja, ja... ich muss noch woanders hingegangen sein. Erst mal tschüs. Ich ruf dich wieder an. –

Roland legte auf. Er war beunruhigt. Es war nicht das erste Mal, dass ihm der Film gerissen war. Krampfhaft versuchte er zu rekonstruieren, wo er gestern noch gewesen war. Er konnte sich an nichts erinnern und wusste doch, dass etwas geschehen war. Sie könnten dich umbringen und du würdest es nicht mal merken, dachte er.

Am Montag hatten sie in den ersten beiden Stunden Englisch. Ich geh zur dritten hin, dachte Roland. Meine Mutter hat ganz fürchterlich die Zeit verschlafen.

Obwohl es schon Anfang November war, schien eine warme Sonne. Roland ging zur Bockenheimer Anlage und setzte sich bei dem kleinen Teich auf eine Bank. Drüben auf der anderen Seite standen ein paar Typen und ließen einen Joint rumgehen. Mit auffälliger Vorsicht.

Heute Morgen hatte es zu Hause wieder einmal die große Hektik gegeben. Um halb 8 klingelte das Telefon. Die HESSISCHE LEBEN war dran.

– Natürlich, da muss ich wieder hin! Als ob die keinen anderen hätten! Stuttgart und München, da bin ich doch wieder zwei Tage unterwegs! –, schimpfte der Vater und rief hinter Roland her:

– Benimm dich anständig! –

Roland hob einen Zweig auf und zeichnete Striche und Kreuze auf den Boden. Dann wischte er sie mit dem Fuß wieder weg. Von einem Baum fiel ein braunes, vertrocknetes Blatt. Es drehte sich im Fallen langsam nach unten. Bevor es auf der Erde angelangt war, wurde es von einer Windbö erfasst und wieder hochgewirbelt. Schließlich fiel es auf den Rasen und blieb liegen. Roland musste plötzlich an alle die Radio- und Fernsehprogramme denken, die jetzt gerade durch ihn hindurchgingen. Elektromagnetische Wellen. Musik, Worte, Bilder.

Ein Mädchen blieb vor Roland stehen und fragte ihn, ob er nicht 1 Mark für sie hätte. Sie sah elend aus, und Roland gab ihr den Rest seiner Flasche. Das Mädchen setzte sich zu ihm auf die Bank, und sie unterhielten sich ein bisschen. Sie war den Sommer über in Griechenland gewesen und wollte da auch wieder hin.

– Ich weiß nicht, was ich hier soll –, sagte sie.

Als plötzlich Harald und zwei andere Typen vor ihm standen, erschrak Roland. Harald wirkte nervös, und Roland wusste erst gar nicht, was das alles sollte.

– Wir wollen den Kies sehen! –

– Welchen Kies? –

– Die 250 Eier, die du uns schuldest. –

– Wieso euch? Harald hat doch gesagt, dass ich … –

– Harald hat überhaupt nichts zu sagen. Los, jetzt mal raus mit den Mäusen! –

– Ich hab aber kein Geld! –

– Dann gehen wir jetzt schön mit dir nach Hause, und du bittest Papi und Mami darum. Du möchtest doch sicher nicht, dass wir das selber tun, oder? –

– Ich kann doch nicht … –

Der mit der Lederjacke zog Roland hoch.

– Jetzt quatsch nicht. –

– Und du kommst auch mit –, sagte der andere zu Harald.

Sie nahmen ihn und Harald in die Mitte und gingen zu einem blauen BMW 2000 Ti. Auf der Fahrt überlegte Roland fieberhaft, was er machen sollte. Er merkte, wie er schwitzte. Geld, das war so schnell ganz unmöglich. So viel hatte die Mutter nie im Portemonnaie. Er musste etwas anderes …

Dann fiel ihm der Ring ein. Der Ring in dem kleinen braunen Kästchen. Das würde sie so schnell nicht merken. Den steckte sie nie an. Das war ein Brillant. Garantiert. Der lag schon ewig in ihrem Nachttisch. Ein einziges Mal hatte er gesehen, wie sie das Kästchen in der Hand hielt. Aber aufgemacht hatte sie es nicht.

– Wir warten hier –, sagte der Größere von beiden, als sie vor Rolands Haus hielten.

– Aber wir warten nicht lange. Sonst kommen wir nach. –

Roland rannte die Treppen hinauf. Hoffentlich machte die Mutter nicht gerade die Betten! Lieber Gott, lass sie zum Einholen sein.

Er schloss die Wohnungstür auf und rief laut:

– Mami?! –

Niemand antwortete. Im Schlafzimmer riss er die Schublade aus ihrem Nachttisch. Tabletten, Zäpfchen und Tempotaschentücher fielen heraus. Roland sammelte alles schnell wieder zusammen und steckte das kleine braune Kästchen ein. Er zitterte.

Der blaue BMW parkte noch immer vor dem Haus.
Roland zeigte den Ring. Sie sagten:
– Okay, weil du es bist. Wollen mal sehen, wie viel der bringt. –
Er wusste erst gar nicht, wo sie hinwollten. Aber dann sah er die gelbe Leuchtschrift. LEIHHAUS.
– Ihr bleibt hier sitzen. –
Der mit der Lederjacke stieg aus und ging mit dem Kästchen in das Haus.
– Ich kann nichts dafür –, sagte Harald.
Es dauerte eine ganze Weile, bis der mit der Lederjacke zurückkam. Er winkte Roland aus dem Wagen heraus und gab ihm den Pfandschein.
– Hier. Damit du der Mami das gute Stück wieder auslösen kannst. –
Roland las: 1 Ring, Brillant, 1 Karat, DM 300,–
– Aber...–, sagte er nur.
– Zinsen, mein Lieber. Umsonst ist der Tod. –
Sie ließen ihn einfach auf der Straße stehen und fuhren mit Harald weg.

– Lass mich in Ruhe! Ich bin krank! –, fuhr Roland die Mutter am nächsten Morgen an, als sie ihn kurz vor 7 wecken wollte.
– Ich weiß nicht, wo das mit dir noch hinführen soll! –, lamentierte sie. – Du hast doch wieder getrunken! Und dein Vater lässt mich auch immer mit dem Rest sitzen! –

Roland drehte sich zur Wand. Er fror. Er hatte die ganze Nacht nicht geschlafen. Um halb 11 ging er aufs Klo. Die Mutter bekam einen Schreck.

– Mein Gott, wie siehst du denn aus! –

– Ich hab dir doch gesagt, ich bin krank! Ich muss irgendetwas gegessen haben. –

Später ging die Mutter zur Apotheke, um ein Mittel für seinen Magen zu holen. Roland dachte an den Kasten im Rohbau. Da mussten mindestens noch 7 Flaschen drin sein! Er stand auf, zog an, was gerade vor seinem Bett lag, und verließ die Wohnung.

Weder im Treppenhaus noch auf der Straße begegnete er jemand, den er kannte.

Der Pfandschein lag mitten auf dem Tisch, als er spätabends nach Hause kam. Die Mutter saß auf dem Sofa und weinte. Den Vater sah Roland lieber gar nicht erst an.

– 'n Abend … –, sagte er und blieb an der Tür stehen.

Der Vater gab sich betont ruhig.

– Ich warte auf eine Erklärung. –

Roland antwortete nicht.

– Den hat deine Mutter in deinem Bett gefunden. –

– Der gehört mir nicht –, sagte Roland leise.

– So. Erst die eigene Mutter bestehlen und dann auch noch lügen. Versetzt den Ring seiner Mutter, den ich ihr zu deiner Geburt geschenkt habe! –

Pause.

– Dass es zwischen uns aus ist, ist dir ja wohl klar. –

Keiner sagte etwas. Roland hielt das nicht aus. Er mochte auch die Mutter nicht ansehen.

– Dann kann ich ja wohl gehen … –, sagte er langsam.

– Bitte. Hier hält dich keiner. –

An der Wohnungstür hörte Roland, wie die Mutter sagte:

– Karl-Heinz! Du kannst den Jungen doch nicht so gehen
lassen! –
– Und ob ich das kann! –

Roland hielt den Türgriff in der Hand und wartete. Nichts
geschah. Er musste etwas tun. Er ging hinaus und machte die
Tür von außen zu. Er drückte auf den Knopf für die Treppenhausbeleuchtung. Er konnte die Stimme der Mutter jetzt nicht
mehr verstehen. Hinter der Glasscheibe in der Tür zeichneten
sich die Umrisse des Vaters ab, wurden undeutlicher, ver-
schwammen ganz. Die Treppenhausbeleuchtung klackte, als
sie ausging. Aus der Wohnung schien Licht auf die Treppe. Im
Haus war es still.
Roland zog die Flasche aus der Seitentasche seines Parkas. Der
Korken fiel ihm aus der Hand, kullerte ein paar Stufen hinunter
und blieb liegen. Roland setzte sich auf die Treppe. Er merkte,
wie ihm der warme Rotz aus der Nase lief. Er zog den Rotz
wieder hoch. Als jemand aus dem 3. Stock herunterkam, stand
Roland auf und verließ das Haus.

Der Krankenhausbesuch

Er musste einige Zeit geschlafen haben. Wie lange, wusste er
nicht. Es wurde schon hell. Die Kälte war in ihn eingedrungen.
Er stand mühsam auf. Eine Flasche rollte über den Boden. Er
konnte sich kaum auf den Beinen halten. Vergeblich versuchte
er, sich in die schmutzige Wolldecke zu wickeln. Die Decke
rutschte ihm immer wieder von den Schultern. Er wusste nicht
genau, was er wollte. Seine Gedanken liefen durcheinander,
hatten kein Ende. Er nahm eine Flasche aus dem Pappkarton
und hielt sie fest. Ganz langsam tappte er die Treppen in dem
Rohbau hinunter. Eine Stufe nach der anderen.

Unten auf der Baustelle wurde ihm schwindlig. Er setzte sich auf einen Bretterstapel, schraubte die Flasche auf und nahm einen Schluck. Er stand wieder auf und konnte nur schwer sein Gleichgewicht halten. Am Bauzaun brauchte er lange, bis er die Latte beiseite geschoben hatte. Er zwängte sich durch die Lücke und fühlte, wie er immer tiefer fiel. Die Geräusche der Stadt hallten in seinem Kopf.

Als die beiden Polizeibeamten Roland auf die Seite legten, kam er etwas zu sich. Er hörte Stimmen. Es mussten mehrere Leute sein.

– Mein Gott, der ist ja total besoffen! In dem Alter! –
– Da kommt der Notarztwagen. –
– Jawohl, im Grüneburgweg. Eine hilflose Person. –

Die Stimmen verschwanden wieder. Er nahm undeutlich wahr, dass jemand sein rechtes Augenlid öffnete und ihn nach seinem Namen fragte. Er wollte etwas sagen, aber sein Mund bewegte sich nicht. Er fühlte, wie er hochgehoben wurde. Dann überließ er sich dem sanften Schaukeln.

Im Krankenhaus sammelte er seine Gedanken wieder einigermaßen. Er konnte seinen Namen sagen und seine Adresse. Die Ärztin fragte ihn, wie viel er getrunken habe.

– Ich weiß nicht... –
– Das ist nicht das erste Mal. –

Er gab keine Antwort. Er war müde und mochte seine Augen nicht offen halten. Sie hatten ihm irgendeine Spritze gegeben. Er wollte seine Ruhe haben. Aber sie fragte weiter:

– Wie viel trinkst du am Tag? –
– Ich weiß nicht... in der letzten Zeit mehr. –
– Eine Flasche? –

Ich weiß nicht, dachte er.

– Mehr als eine Flasche? –

– Nein… nur manchmal. –
– Und was? –
– Verschieden… –
Er hörte noch, wie sie sagte:
– Ganz schön dünn ist er ja. –
Dann sackte er weg.

Er lag mit zwei anderen im Zimmer und hing am Tropf. Er hatte Durst, sein Mund war ganz ausgetrocknet. Seine Zunge fühlte sich dick und filzig an. Er zitterte nicht mehr. Sie hatten ihm wohl etwas dagegen gegeben.
Irgendwann am Nachmittag kamen die Eltern und saßen an seinem Bett. Sie hatten ihm seinen Kulturbeutel mitgebracht und zwei Schlafanzüge. Bei der Ärztin waren sie schon gewesen.
Die Mutter hatte verheulte Augen und strich dauernd mit den Händen auf seiner Bettdecke herum.
   – Und ich hab immer Angst gehabt, dass du mal Rauschgift
   nehmen würdest! Und jetzt das… Dass das so weit kom-
   men musste! Ich mach mir solche Vorwürfe! –
   – Renate, nun lass das Jammern. Dadurch wird das auch
   nicht besser. –
   – Die Ärztin meint, dass ich krank bin –, sagte Roland
   leise.
   – Wir wollen alles tun, damit du wieder gesund wirst, mein
   Junge –, erklärte der Vater und machte ein todernstes Gesicht.

Am Freitag sollte Roland entlassen werden.
Er packte gerade seine Zahnbürste und die Seife ein, als sie einen anderen hereinbrachten. Zwei Pfleger hatten ihn rechts und links untergehakt, seine Beine schleiften über den Boden. Er zitterte so stark, dass er sich nicht allein ausziehen konnte.

Sie steckten ihn in ein Krankenhaushemd, legten ihn auf den Bauch und banden es hinten zu.

– Sieh ruhig hin, Roland –, sagte die Ärztin. – So ist das. Der ist 19. Den haben wir jetzt das dritte Mal hier. –

Die Eltern ließen kein Wort mehr über die Geschichte mit dem versetzten Ring fallen. Roland wollte immer wieder mal davon anfangen, traute sich dann aber doch nicht. Eines Tages suchte er Briefmarken und entdeckte dabei zufällig das kleine braune Kästchen im Schreibtisch seines Vaters.
Sie haben ihn also wieder eingelöst, dachte er. Das hätten sie mir ruhig sagen können.

Die Broschüren und Adressenlisten, die die Ärztin ihm gegeben hatte, lagen in seinem Zimmer herum. ANONYME ALKOHOLIKER, BLAUES KREUZ, GUTTEMPLER-ORDEN.

– Du solltest auf jeden Fall versuchen, zu einer dieser Gruppen Kontakt zu bekommen –, hatte die Ärztin gesagt. – Es ist wichtig für dich zu wissen, dass du mit deinem Problem nicht allein stehst. Du wirst Hilfe brauchen, und am besten können dir diejenigen helfen, die die gleiche Erfahrung gemacht haben wie du. Also, schau dich um. –
Roland hatte keine Lust, sich umzuschauen. Er hatte überhaupt einen Horror vor Gruppen.

Die Eltern versuchten, einen Therapieplatz in einem Heim für ihn zu bekommen. Aber das war gar nicht so einfach. Nicht wegen der Kosten, da wusste der Vater Bescheid.

– 68 hat das Bundessozialgericht Alkoholismus als Krankheit anerkannt. So eine Therapie muss die Kasse zahlen. –

Nein, das Problem war Rolands Alter. Er war zu jung. Er würde in wenigen Wochen 17 werden. Normalerweise wurde man erst mit 18 aufgenommen.

Manchmal sah Roland die Bilder vor sich, die ihm die Ärztin im Krankenhaus gezeigt hatte. Fettleber, Schrumpfleber. Knotige, schrumpelige Gebilde, krankhaft leuchtend rot und gelb.

   – So sieht deine Leber auch bald aus, Roland. Geschädigt ist sie mit Sicherheit schon. Eine Fettleberentzündung bekommt man schneller, als man denkt. Täglich 1 Liter Wein oder 2 Liter Bier, und das über längere Zeit. Das reicht, dass ein Erwachsener sich kaputtmacht. Bei einem Jugendlichen wie dir genügt schon eine geringere Menge. Die Leber ist dann nur noch mit dem Abbau des Alkohols beschäftigt, sie kann die anderen Stoffe, die wir zu uns nehmen, nicht mehr abbauen und nicht mehr entgiften. Fett sammelt sich in ihrem Gewebe an, die Leberzellen können ihre Funktion nicht mehr ausüben, sie gehen kaputt. Aber eine Fettleber kann sich noch zurückbilden, wenn man entsprechend lebt. Ohne Alkohol! Wenn du so weitersäufst, geht auch der Zerstörungsprozess weiter. Die Stoffwechselgifte schädigen deine Gehirnzellen, was das heißt, kannst du dir ja denken. Und deine Leber fängt an zu schrumpfen. Das führt zum Tod. Im schlimmsten Fall musst du verbluten. Vor deiner verkümmerten Leber staut sich das Blut, es kommt im Magen und in der Speiseröhre zu einer Art von Krampfadern, die schon bei einem leichten Husten oder bei einem Schluckauf platzen können. Ja, und das ist das Ende. Verblöden oder verbluten. Das musst du dir immer wieder vor Augen führen. –

Roland wollte sich das nicht vor Augen führen. Er fürchtete sich vor den Bildern. Wenn sie kamen, schluckte er eine von den kleinen rosa Glückspillen.

Körperlich erholte er sich dann doch erstaunlich schnell, und die Eltern mussten sich nicht mehr solche Sorgen um ihn machen. Auch Roland dachte nicht mehr daran, was die Ärztin sonst noch von den Auswirkungen des Alkohols gesagt hatte.

Die Eltern taten so, als wäre nichts geschehen. Gemeckert hatten sie eigentlich überhaupt nicht mehr, seitdem er aus dem Krankenhaus zurück war. Der Vater blieb abends häufiger zu Hause und sie saßen gemeinsam vor dem Fernseher.

Roland merkte, dass sie sich viel Mühe gaben. Ihre Anstrengungen gingen ihm auf den Wecker.

Einmal hörte er, wie der Vater im Schlafzimmer zu der Mutter sagte:

– Ich hab als junger Mann auch mal eine Zeit gehabt, wo wir fürchterlich gesoffen haben. Aber deswegen bin ich noch lange kein Alkoholiker geworden! –

– Die Ärztin hat gesagt, dass Roland abhängig ist. –

– Ach, was die Ärzte so sagen. –

Der Schule hatten sie Bescheid gegeben, dass Roland krank sei.

– Es wird nichts vom Alkohol gesagt! –, bestimmte der Vater. – Von mir aus kann er die Gelbsucht haben oder sonst was! Da wird dir dein Dr. Gülicher ja wohl ein Attest ausstellen. –

Bei der Schule genügte ein Anruf.

Aber die Mutter ging doch zu Dr. Gülicher und ließ sich ein Rezept geben. Für die Tabletten, die Roland aus dem Kran-

kenhaus mitbekommen hatte. Sie sollten seine Unruhe dämpfen und die Entzugserscheinungen beseitigen.
Roland fand die Tabletten gut.

Elisabeth hatte ein paar Mal angerufen und gefragt, wie es Roland ginge. An einem Nachmittag stand sie vor der Tür. Roland war im ersten Moment etwas verlegen. Aber dann freute er sich sehr, dass sie gekommen war. Sie saßen in seinem Zimmer und er konnte ihr alles erzählen. Wie das im Krankenhaus gewesen war und dass er jetzt schon 6 Wochen nichts mehr getrunken hatte. Sie hörte zu und fragte später:
   – Wann kommst du denn wieder in die Schule? –
   – Am liebsten möchte ich gar nicht mehr in die Schule. –
   – Und was willst du machen? –
   – Irgendetwas lernen. Wozu ich Lust habe. –
   – Und wozu hast du Lust? –
   – Fotografieren zum Beispiel. Fotoreporter. Das wäre was! –
   – Jetzt träumst du wieder –, sagte Elisabeth.
   – Nein! Ich will das richtig lernen. Eine Lehre machen und so. –
Als Elisabeth vom Bromme erzählte und von den anderen aus der Klasse, merkte Roland, wie fern das alles für ihn gerückt war.

Nach dem ersten Teil von XY-UNGELÖST sagte er den Eltern, dass er nicht mehr in die Schule zurückwollte.
   – Wenn ich woanders anfange, dann schaffe ich es auch leichter. –
Sie machten weniger Schwierigkeiten, als er erwartet hatte. Der Vater rief gleich am nächsten Tag beim Arbeitsamt an. Er hatte einen Bekannten, der kannte da jemand.
Sie bekamen die Auskunft, dass Roland am besten eine rich-

tige Ausbildung als Fotograf machen solle. Aber Lehrstellen seien so gut wie nicht zu bekommen.

– Ich muss mal sehen, ob ich da nicht etwas deichseln kann –, meinte der Vater.

Nach einem Handballtraining kam er eher als sonst nach Hause und rieb sich vergnügt die Hände.

– Du kannst dich bei mir bedanken! Der Droste in unserer Mannschaft, der hat doch dieses große Fotogeschäft und auch ein Fotoatelier. Zu dem sollst du am Montag mal hinkommen. Der nimmt dich vielleicht. Er will dich natürlich erst mal beschnuppern. –

Roland stellte sich das wörtlich vor und musste lachen.

Am Sonntag hielt der Vater beim Mittagessen einen langen Vortrag. An was Roland alles denken müsse, damit er morgen einen guten Eindruck bei dem Droste machte. Und so weiter. Roland hatte plötzlich das Gefühl, dass er an die frische Luft müsste.

– Ich geh nochmal spazieren –, sagte er.

In der Siesmeyerstraße hielt ein Auto neben ihm. Jemand rief. Es war der Thiele. Er freute sich sehr, Roland zu sehen, und wollte wissen, wie es ihm jetzt ginge. Zwei Autofahrer fingen an zu hupen.

– Ich kann ja ein Stück mitfahren –, sagte Roland und stieg ein.

Der Thiele hatte gerade seine Frau zum Bahnhof gebracht. Sie wollte auf einen Lehrgang. Er war ziemlich in Druck, weil seine kleine Tochter Miriam mit Fieber im Bett lag und er bis zum Abend ein Manuskript fertig haben musste.

– Ich schreibe nämlich nebenbei –, sagte er. – Aber auf einen Kaffee solltest du mit heraufkommen. –

Roland blieb den ganzen Nachmittag. Er las der kleinen Miriam vor und kochte Kaffee. Den Thiele könnte ich eigentlich öfter besuchen, dachte Roland. Er summte leise vor sich hin, als er im Küchenschrank nach Tassen suchte. Der Thiele tippte wie verrückt auf seiner Schreibmaschine. Immer wenn er einen größeren Absatz im Manuskript fertig hatte, kam er ins Kinderzimmer. Er gab Miriam einen Kuss und hörte zu, was Roland von sich und seinen Plänen erzählte. Die Sache mit der Lehre fand er gut.

– Aber du darfst dir nichts vormachen, Roland. Zwei Monate trocken, das ist gar nichts. Du musst dein Leben lang trocken bleiben. –

– Ja, ich weiß. –

– Vielleicht ist es gar nicht so schwer, wenn du es dir richtig klarmachst. Wenn du kurzsichtig bist, musst du zum Autofahren eine Brille aufsetzen. Das ist ja wohl selbstverständlich. Und für dich muss es eben selbstverständlich werden, dass du keinen Alkohol mehr zu dir nimmst. Weil du ihn nicht verträgst. Kein flambiertes Steak, keine Likörbohne und nicht einmal einen Schuss Rotwein an die Soße!
Die Schwierigkeit werden für dich die anderen sein. Was machst du, wenn einer im Betrieb seinen Einstand feiert? Sagst du dann, nein, danke, ich trinke nicht. Ich bin nämlich Alkoholiker? Oder wenn du ein Mädchen kennen lernst, und die möchte mit dir ausgehen. Trinkst du dann Brause und sie Sekt? –

– Ja... –

– Dazu gehört eine ganze Menge Selbstbewusstsein! Ich glaube, es wäre gut, wenn du jemand hättest, der dir helfen kann. –

– Sie haben doch gesagt, dass ich zu Ihnen kommen kann. –

– Aber ich bin kein Alkoholiker, Roland! –, sagte der Thiele lachend. – Ich hab das nie erfahren. –

– Das macht nichts –, sagte Roland. – Mit Ihnen kann ich aber am besten reden. –

Gegen Abend ging es Miriam schlechter. Sie hatte einen heißen Kopf und weinte. Der Thiele wurde nervös.

– Das Manuskript muss bis 20 Uhr im Richtungsbriefkasten nach München sein, sonst krieg ich unheimlichen Ärger. –

– Nun regen Sie sich nicht auf. Ich bring das Ding nachher zum Bahnhof und Sie bleiben bei Miriam. –

Der Thiele sah ihn an.

– Ich mach keinen Scheiß mehr. Sie brauchen keine Angst zu haben –, sagte Roland.

An der Ecke Feuerbachstraße / Bockenheimer sah Roland auf seine Armbanduhr. Es war genau 18 Uhr 34.

Das ist ja prima. Das schaff ich lässig zum Bahnhof, dachte er und erkannte in demselben Augenblick Buddi, der auf ihn zukam.

– Mensch, Roland! Das kann ja wohl nicht wahr sein! –

– Buddi! Wo kommst du denn her? –

– Ich hab ein paar Tage Ferien. –

– Bist du immer noch auf dem Internat? –

– Ja. Und du? –

– Ich fange jetzt eine Lehre an. Als Fotograf. –

– Finde ich toll. Komm, lass uns ein Bier trinken. Mann, haben wir uns lange nicht gesehen! –

– Du, ich kann nicht. Ich muss zum Bahnhof und was erledigen. –

– Das kannst du doch hinterher machen. Ein Bier! Ich lade dich ein. –

– Ich... wie soll ich sagen... ich trete im Augenblick ein bisschen kürzer. –

– Ich sauf auch nicht mehr so viel wie früher. Das war ja
furchtbar. Aber weißt du, irgendwie hab ich doch eine
gute Erinnerung an unsere Zeit. –
– Ja, ich auch. Ehrlich. –

Sie gingen zusammen die Bockenheimer entlang, und Buddi
erzählte vom Internat und dass er sich mit niemand mehr so gut
verstanden habe wie mit Roland.
In der kleinen Pinte am Opernplatz war es ziemlich voll. Aber
sie hatten Glück, an einem Tisch wurde gerade etwas frei.
Buddi bestellte zwei Pils und Roland legte das Manuskript
neben sich auf einen Stuhl.

Später kaufte Buddi an einer Trinkhalle noch eine Flasche Kla-
ren.
– Weißt du, was? Wir gehen zu mir. Meine Alten sind in
St. Moritz und hoffen auf Schnee. Wenn sie wegfahren,
schließen sie immer noch den Schnaps weg! Mein Hochbett hab ich nicht mehr. Aber Bier müsste da sein. –
Unterwegs lachten sie viel und alberten herum. Roland war
richtig froh, Buddi wieder getroffen zu haben.

Als sie an dem Haus vorbeikamen, in dem er wohnte, sah
Roland das Gesicht der alten Marecke am Fenster.
Er stieß Buddi an.
– Du, guck mal! Die Alte da. Irgendwie unheimlich,
nicht? –
Aber Buddi machte sofort Faxen und deutete auf sich und
Roland. Er zeigte ihr die Flasche. Die Alte schüttelte den Kopf.
Buddi machte weiter Faxen und schließlich nickte sie.
Buddi amüsierte sich.
– Da gehen wir jetzt rein! Weißt du noch, wie wir bei der
geklingelt haben? Wie heißt die noch? –

– Marecke. –

– Ach ja. Marecke, alte Zecke! Dumme Schnecke... –

– ...Verrecke. –

– Los, komm! Ich bin genau in der Stimmung für so was. –

– Du spinnst! –

– Nee, so was muss man mitnehmen. Das sind genau die Dinge, die einem nicht jeden Tag geboten werden. –

Sie klingelten.

– Ich hab früher gedacht, das wäre eine Hexe –, sagte Roland leise.

– Vielleicht ist das wirklich eine! –, sagte Buddi lachend.

Vorsichtig machte die Alte die Tür auf und sah sie über die Kette hinweg an.

– Guten Abend –, sagte Buddi höflich. – Wir wollten Sie mal besuchen. Wir sind gerade so lustig. Das ist der Roland Geiger. Der wohnt hier im Haus im 2. Stock. –

– Ja, ich weiß. –

– Wir feiern Wiedersehen. Wir haben uns fast zwei Jahre nicht gesehen. Wollen Sie nicht mitfeiern? –

– Ich weiß nicht... –

– Wir bringen auch etwas zu trinken mit. – Buddi hielt ihr die Flasche hin.

– Den Roland kenne ich ja... –

– Das ist Buddi. Ein Freund von mir –, sagte Roland. Es gab eine Pause. Dann fing Roland wieder an:

– Ich habe Sie immer am Fenster gesehen. –

– Ja, ich habe dich auch gesehen. Du bist groß geworden. –

Buddi wurde ungeduldig.

– Also, können wir nun reinkommen, oder was ist? –

Die Alte sah immer noch unsicher aus. Aber sie machte doch die Kette los und ließ sie herein.

– Mann! –, sagte Buddi nur, als sie in der Wohnung standen. Roland hatte so etwas auch noch nicht gesehen. Das mussten mindestens zehntausend Bücher sein oder mehr! Im Flur und in dem Zimmer an allen Wänden Bücherborde. Bis an die Decke. Und auf dem Fußboden türmten sich weitere Bücherstapel.

– Ihr müsst entschuldigen, ich bin schlecht zu Fuß –, sagte die Alte und räumte einige Bücher vom Sofa. – Kommt, setzt euch. –

– Haben Sie die alle gelesen? –, fragte Roland

– Natürlich habe ich die gelesen. Eine ganze Menge schon zweimal –, sagte die Alte lachend. – Die Füße wollen nicht mehr, aber die Augen! Die Augen sind noch gut. Die sehen mehr, als manche Leute glauben! –

– Und woher haben Sie all die Bücher? –

– Die habe ich von meinem Mann. Das Einzige, was für ihn zählte, waren Bücher. Aber jetzt ist er schon lange tot, und was von ihm übrig geblieben ist, sind Bücher… Ich habe gar nichts, was ich euch anbieten kann. Besuch bekomme ich so selten. –

Buddi stellte die Flasche auf den Tisch.

– Hier, wir haben etwas mitgebracht. –

– Ach ja… –

Die Alte stand auf und ging mühsam zu einem Schrank. Sie nahm zwei Gläser heraus.

– Für Sie auch! –, sagte Buddi.

– Eigentlich trinke ich ja nichts mehr… Aber so ein kleiner… der kann vielleicht nichts schaden… nach all den Jahren. –

Sie nahm ein drittes Glas aus dem Schrank und stellte es auf den Tisch.

– Wisst ihr, die Frau Pahlke, die Hauswartsfrau, die kauft immer für mich ein. Ich kann ja nicht mehr so weit gehen.

Aber mal einen schönen Cognac... nein, den bringt sie mir einfach nicht mit. Na, ist vielleicht auch besser so... –

Buddi füllte die Gläser und prostete ihr zu. Die alte Marecke hob auch ihr Glas.

– Das ist wirklich gut, dass ihr mich mal besucht... –

Sie nahm einen Schluck und Roland fühlte sich plötzlich unbehaglich. Er mochte nichts trinken.

– Du, Buddi, ich glaube, wir müssen gehen –, sagte er.

– Ach, das ist aber schade. Wo es jetzt erst gemütlich wird. Bleibt doch noch ein bisschen! –, bat die Alte.

Roland saß unruhig auf dem Sofa und hörte zu, was sie erzählte. Dass sie schon lange allein sei und dass das nicht das Schlimmste sei.

– Einsam sind wir alle sowieso letzten Endes. Das wollen die Leute nur nicht wahrhaben... Solange der Kopf klar ist, ist ja auch alles gut. Wenn das im Kopf nicht mehr geht, dann bringen sie dich weg. Irgendwohin. Dahin, wo du nicht hinwillst... komm, Kindchen, sei so lieb und schenk mir noch etwas ein. –

Buddi sah Roland an, und Roland merkte, dass es Buddi auch unbehaglich war. Aber er goss der Alten dann doch etwas ein. Es war das vierte Glas. Sie trank es sehr schnell aus und sank auf einmal in ihrem Sessel zusammen.

Es war still im Zimmer.

Roland hatte plötzlich das Gefühl, dass die alte Marecke ihn ansah.

– Buddi! –, sagte er. – Ich will hier weg! –

Sie standen auf, aber die Alte rührte sich nicht.

Sie liefen schnell aus der Wohnung. Die Flasche auf dem Tisch war noch halb voll.

Das nicht abgegebene
Manuskrip

Roland lehnt an der Fensteröffnung im Rohbau am Grüneburgweg. Er hält die Flasche mit dem Rest Korn in der Hand.
Das Manuskript! Er stellt die Flasche auf den Fenstersims. Er
sieht den Schmutz auf dem Parka, auf den Schuhen, auf dem
Boden. Die beiden Flaschen in dem Pappkarton sind noch
ungeöffnet. Er weiß nicht, wie spät es ist. Er hat vergessen,
dass er am linken Handgelenk eine Armbanduhr trägt.

*Die alte Marecke haben sie weggebracht. Sie bringen dich
weg. Irgendwohin. Elisabeth. Wenn das im Kopf nicht mehr
geht. Wo du nicht hinwillst. Das Manuskript habe ich auf den
Stuhl. Keine Likörbohne. Ich komme da nie mehr raus. Ich
krieg unheimlichen Ärger, wenn das Manuskript am Montag
nicht in München. Mich bringen sie auch weg. Ich werde dem
Thiele sagen, dass ich wieder voll drauf bin. DAS MANU-
SKRIPT. Vielleicht hat er einen Durchschlag. Vielleicht kann
er den heute noch. Thiele. Ich mach keinen Scheiß mehr. Sie
brauchen keine Angst zu haben. Ich habe es doch getan. Und
wenn er keinen Durchschlag. Ich weiß, dass er mir nicht mehr
vertrauen kann. Das werde ich ihm sagen. Ich gehe hin.
NICHT WEGEN DEM MANUSKRIPT. Das auch. Aber
das ist es nicht. Meinetwegen. Wenn er mich rausschmeißt.
Das ist nicht wichtig. Ich bringe das in Ordnung. DAS IST
ES. Ich verspreche dir das. Ich verspreche überhaupt nichts
mehr. Wenn er mich rausschmeißt. Das muss er wissen. Wenn
er nicht da ist. Warte ich auf der Treppe. Ich gehe jetzt. DAS
IST ES. Jetzt. Gleich. Sofort. Alles andere kommt dann.*
Roland dreht sich um und geht.

An der Ecke Feuerbachstraße / Bockenheimer stößt eine Frau ihren Mann an:

- Guck mal den da! Ist das nicht unglaublich! –
- Arbeiten müssten die, richtig hart arbeiten! Dann würden sie auch nicht saufen! –

Wer Probleme mit dem Alkohol hat und noch minderjährig ist, kann auch ohne seine Eltern eine Suchtberatungsstelle aufsuchen. Diese Beratungsstellen unterliegen der Schweigepflicht. Man muss also nicht befürchten, dass gegen den eigenen Wunsch eine Mitteilung an die Erziehungsberechtigten oder an das Jugendamt gegeben wird.
Die Adresse der nächstgelegenen Suchtberatungsstelle findet man im Telefonbuch unter Behörden (Schule, Jugendamt und Berufsbildung), unter Stadtverwaltung oder Landratsamt bzw. Kreisverwaltung.
Ausführliches Informationsmaterial über das Thema Alkoholabhängigkeit bekommt man kostenlos bei den unten genannten Adressen. Bei den verschiedenen Organisationen kann man auch erfahren, wo in der Nähe sich Menschen treffen, die mit dem Problem des Alkohols nicht allein fertig werden. In der letzten Zeit versuchen diese Gruppen mehr und mehr, sich auch um Jugendliche zu kümmern, die Hilfe brauchen.

Deutsche Hauptstelle gegen die Suchtgefahren (DHS),
Westring 2, 59003 Hamm, Telefon: (0 23 81) 90 15-0

Bundeszentrale für gesundheitliche Aufklärung,
Postfach 91 01 51, 51071 Köln, Telefon: (02 21) 89 92-0

Deutscher Caritasverband e. V., Referat Gefährdetenhilfe /
Suchtkrankenhilfe
Karlstraße 40, 79004 Freiburg, Telefon: (07 61) 2 00-0

Katholische Sozialethische Arbeitsstelle,
Jägerallee 5, 59071 Hamm, Telefon: (0 23 81) 9 80 20-0

Kreuzbund e. V.
Selbsthilfe- und Helfergemeinschaft für Suchtkranke,
Münsterstraße 25, 59065 Hamm, Telefon: (0 23 81) 6 72 72-0

Gesamtverband für Suchtkrankenhilfe im Diakonischen Werk
der Evangelischen Kirche in Deutschland e. V.,
Kurt-Schumacher-Straße 2, 34117 Kassel, Telefon: (0561) 10957

Blaues Kreuz in Deutschland e. V.,
Freiligrathstraße 27, 42289 Wuppertal
Telefon: (0202) 620030

Blaues Kreuz in der Evangelischen Kirche e. V.,
Dieterichstraße 17a, 30159 Hannover
Telefon: (0511) 189 32 u. 651917

Bundesverband der Elternkreise drogengefährdeter und
drogenabhängiger Jugendlicher e. V.,
Köthener Straße 38, 10963 Berlin, Telefon: (030) 626089

Bundesarbeitsgemeinschaft der Freundeskreise,
Kurt-Schumacher-Straße 2, 34117 Kassel, Telefon: (0561) 780413

Deutscher Guttempler-Orden (I. O. G. T.) e. V.,
Adenauerallee 45, 20097 Hamburg, Telefon: (040) 245880

Anonyme Alkoholiker (AA), Interessengemeinschaft e. V.,
Ingolstädter Straße 68a, 80939 München

Verband ambulanter Beratungs- und Behandlungsstellen für
Suchtkranke / Drogenabhängige e. V.,
Karlstraße 40, 79104 Freiburg, Telefon: (0761) 200350

Verband der Fachkrankenhäuser für Suchtkranke e. V.,
Kurt-Schumacher-Straße 2, 34117 Kassel, Telefon: (0561) 102883

Deutsches Rotes Kreuz e. V. (DRK),
Friedrich-Ebert-Allee 71, 53113 Bonn, Telefon: (0228) 541202

Paritätischer Wohlfahrtsverband e. V., –
Referat Gefährdetenhilfe
Heinrich-Hoffmann-Straße 3, 60528 Frankfurt,
Telefon: (069) 6706269

Arbeiterwohlfahrt, Bundesverband e. V.,
Oppelner Straße 130, 53119 Bonn, Telefon: (02 28) 6 68 52 09

Fachverband Drogen und Rauschmittel (FDR),
Brüderstraße 4 B, 30159 Hannover, Telefon: (05 11) 1 31 64 74

Arbeitsgemeinschaft der deutschen Abstinenzverbände (AGAV),
Nelkenstraße 20, 66386 St. Ingbert, Telefon: (0 68 94) 75 92

Landesstellen gegen die Suchtgefahren
Landesstelle gegen die Suchtgefahren in Baden-Württemberg der
Liga der Freien Wohlfahrtspflege,
Augustenstraße 63, 70178 Stuttgart,
Telefon: (07 11) 6 19 67 31 / 32

Badischer Landesverband gegen die Suchtgefahren,
Renchtalstraße 14, 77871 Renchen, Telefon: (0 78 43) 7 03 41

Bayerische Landesstelle gegen die Suchtgefahren,
Lessingstraße 1, 80336 München, Telefon: (0 89) 53 65 15

Landesstelle Berlin gegen die Suchtgefahren e. V.,
Gierkezeile 39, 10585 Berlin, Telefon: (0 30) 34 80 09-0

Brandenburgische Landesstelle gegen die Suchtgefahren,
c / o DRK, LV Brandenburg, Friedrich-Ebert-Straße 67,
14469 Potsdam, Telefon: (03 31) 2 86 41 43 / 8

Bremische Landesstelle gegen die Suchtgefahren e. V.,
Abbentorstraße 5, 28195 Bremen, Telefon: (04 21) 17 18 28

Hamburgische Landesstelle gegen die Suchtgefahren e. V.,
Brennerstraße 90, 20099 Hamburg, Telefon: (0 40) 2 80 38 11

Hessische Landesstelle gegen die Suchtgefahren e. V.,
Metzlerstraße 34, 60594 Frankfurt a. M.,
Telefon: (069) 6 03 23 77

Landesstelle gegen Suchtgefahren Mecklenburg-Vorpommern e. V.,
Pfaffenstraße 5, 19055 Schwerin, Telefon: (03 85) 86 06 06

Niedersächsische Landesstelle gegen die Suchtgefahren,
Leisewitzstraße 26, 30175 Hannover, Telefon: (05 11) 85 20 68

Arbeitsausschuss «Drogen und Sucht» der Arbeitsgemeinschaft der
Spitzenverbände der Freien Wohlfahrtspflege
in Nordrhein-Westfalen,
Lenaustraße 41, 40479 Düsseldorf, Telefon: (02 11) 6 39 82 94

Landesstelle gegen die Suchtgefahren Rheinland-Pfalz,
c/o Diözesan-Caritasverband Trier e. V., Referat Gefährdetenhilfe,
Sichelstraße 10, 54290 Trier, Telefon: (06 51) 9 49 32 44

Saarländische Landesstelle gegen die Suchtgefahren e. V.,
Deutschherrnstraße 12, 66117 Saarbrücken,
Telefon: (06 81) 5 80 01-37

Landesstelle gegen die Suchtgefahren im Land Sachsen-Anhalt,
Walter-Rathenau-Straße 38, 39106 Magdeburg,
Telefon: (03 91) 5 61 22 87

Sächsische Landesstelle gegen die Suchtgefahren,
Radeberger Straße 11, 01099 Dresden, Telefon: (03 51) 5 67 07 05

Landesstelle gegen die Suchtgefahren
für Schleswig-Holstein e. V.,
Schauenburger Straße 36, 24105 Kiel, Telefon: (04 31) 5 64 77 0

Thüringer Landesstelle gegen die Suchtgefahren e. V.,
Allerheiligenstraße 10, 99084 Erfurt, Telefon: (03 61) 6 43 38 71

Illustration: Julia Kaergel

rororo Rotfuchs

Zoran Drvenkar
Nominiert für den Deutschen Jugendliteratur Preis

Der Bruder
3-499-20958-6

Niemand so stark wie wir
3-499-20936-5

Berlin-Charlottenburg: das ist das Viertel von Zoran und seiner Clique. Da ist Adrian, sein bester Freund; Karim, der Sohn eines türkischen Gemüsehändlers, Sprudel, der Junge, der beschlossen hat, kein Sterbenswörtchen mehr zu reden; Terri, Zorans Freundin aus dem besseren Viertel, und all die anderen. Da ist aber auch die Türkenclique, die ihnen den geliebten Fußballplatz streitig machen will. In jenen Tagen und Wochen pulsiert ihr Leben voller Liebe und Streit, Freundschaft und Auseinandersetzungen, Träumen und Ängsten. – Oldenburger Kinder- und Jugendbuchpreis 1999.

Der Winter der Kinder
oder Alissas Traum
3-499-21188-2

Im Regen stehen
Zoran Drvenkar erzählt von seiner jugoslawischen Heimat und den ersten Jahren in der kleinen Berliner Wohnung. «Ein packender Roman» (Süddeutsche Zeitung).

3-499-20993-4